名师工程 思想者系列

新课程·新理念·新教学
丛书编委会主任：马立 宋乃庆

李荣灿 ◎ 著

教育，倾听心灵的声音

西南师范大学出版社
全国百佳图书出版单位　国家一级出版社

图书在版编目（CIP）数据

教育，倾听心灵的声音/李荣灿著. —重庆：西南师范大学出版社，2013.8

（名师工程系列丛书）

ISBN 978-7-5621-6366-4

Ⅰ.①教… Ⅱ.①李… Ⅲ.①小学–班主任工作 Ⅳ.①G625.1

中国版本图书馆 CIP 数据核字（2013）第 172114 号

名师工程系列丛书

编委会主任： 马　立　宋乃庆
总策划： 周安平
策　划： 李远毅　卢　旭　郑持军　郭德军

教育，倾听心灵的声音
李荣灿　著

责任编辑　钟小族　张昊越　闫丽春
封面设计　天之赋设计室
出版发行　西南师范大学出版社
　　　　　　地址：重庆市北碚区天生路1号
　　　　　　邮编：400715　市场营销部电话：023-68868624
　　　　　　http://www.xscbs.com

经　销	新华书店
印　刷	重庆新生代彩印技术有限公司
开　本	787mm×1092mm　1/16
印　张	14.5
字　数	230千字
版　次	2013年8月　第1版
印　次	2021年7月　第2次印刷
书　号	ISBN 978-7-5621-6366-4
定　价	42.00元

若有印装质量问题，请联系出版社调换
版权所有　翻印必究

《名师工程》系列丛书

学术指导委员会

主　任　　顾明远

委　员　　陶西平　李吉林　钱梦龙　朱永新　顾泠沅　马　立
　　　　　朱小蔓　张兰春　宋乃庆　陈时见　魏书生　田正平
　　　　　张斌贤　靳玉乐　石中英　钱理群

编撰委员会

主　任　　马　立　宋乃庆

编　委　　卞金祥　曹子建　陈　文　邓　涛　窦桂梅　冯增俊
（按姓氏拼音排序）高万祥　郭元祥　贺　斌　侯一波　胡　涛　黄爱华
　　　　　蓝耿忠　李韦遴　李淑华　李远毅　李镇西　李力加
　　　　　李国汉　刘良华　刘海涛　刘世斌　刘扬云　刘正生
　　　　　林高明　鲁忠义　马艳文　缪水娟　闵乐夫　齐　欣
　　　　　沈　旎　施建平　石国兴　孙建锋　孙志毅　陶继新
　　　　　田福安　王斌兴　魏　群　魏永田　吴　勇　肖　川
　　　　　谢定兰　熊川武　徐　斌　徐　莉　徐　勇　徐学福
　　　　　徐永新　严永金　杨连山　杨志军　余文森　袁卫星
　　　　　张爱华　张化万　张瑾琳　张明礼　张文质　张晓明
　　　　　张晓沛　赵　凯　赵青文　郑忠耀　周安平　周维强
　　　　　周亚光　朱德全　朱乐平

《名师工程》系列丛书

征 稿 启 事

《名师工程》系列丛书是西南师范大学出版社策划、组织出版的大型系列教育丛书。丛书以新课程下的新教学为背景，以促进施教者的教育能力为落脚点，以提高教育质量、提升教师水平为宗旨。

丛书首批推出的"名师讲述""教学提升""教学新突破""高中新课程""教师成长""大师讲坛""教育细节""创新语文教学""教育管理力""教师修炼""创新数学教学""教育通识""教育心理""创新课堂""思想者""名师名课""幼师提升""优化教学""教研提升""名校长核心思想""高效课堂""创新班主任""教育探索者""名师解码""名师教学手记""国际视野"等系列，共200余个品种，其余系列也将陆续出版。为了让广大教师有一个交流、借鉴的机会，同时也为了给广大教师提供更多、更好的图书，《名师工程》系列丛书编辑出版委员会特向全国教育工作者征集稿件。

稿件要求：

1.主题鲜明、新颖，有独创性。

2.主题以提升教育能力为主，也可适当外延。

3.主题要有一定规模、有典型案例支撑。

4.案例要贴近教育实际，操作性强。

5.文章、书稿结构清晰，语言精彩。

书稿作者在选题确定之后，请及时与我们做好沟通，具体事宜确定好之后再进行创作；也欢迎用已经完稿的稿件投稿。一线教师如希望参与图书案例的创作，可联系我社策划机构，由策划机构备案，在适合的图书中参与创作。

真诚欢迎各位教师踊跃投稿。

联系方式：

西南师范大学出版社高教分社北京策划部

电话：010-68403096

E-mail：guodejun1973@163.com

前　　言

　　之所以把本书命名为"教育，倾听心灵的声音"，是因为我坚信：细节决定成败。本书共分为五章，主要内容有三大板块：一是班主任案例和经验思考；二是对教育现象的调查与思考；三是对学校管理的思考。

　　班主任工作千头万绪，不仅要面向个体，针对每一名学生的特点实施教育，同时，还要面向整体实施班级管理，其工作量可想而知。很多时候，教育能否取得效果取决于教师的方式方法。尤其是班主任，其言行举止都会对学生产生深远的影响。

　　本书第一、第二章对班主任实施学生个体教育与班级管理进行了简述，希望能为广大班主任提供一些借鉴。

　　"细节决定成败"，教师对教育教学环节的把控影响着教育教学效果。本书第三章记录了教育调查的一些镜头和经验以及认识，希望能给广大教师一些启示。

　　校长是一个学校的灵魂，学校要谋求发展，校长责无旁贷。本书第四、第五章展示了校长管理的个案，提出了学校管理的一些观点，希望能给广大校长以一定的启迪。

序

  古往今来，教育一直是人类孜孜以求的理想圣地。无论是孔子的"学而时习之，不亦说乎"，还是《三字经》中讲到的"幼不学，老何为""人不学，不知义"等，都是在告诉人们要珍惜教育，好好学习。随着科技的进步和生活节奏的加快，人们的思想观念也在不断更新，对理想教育的探讨也越来越多、越来越深刻。李荣灿老师的这本新书，深刻挖掘了当代中小学生的心理变化，呼唤展翅飞翔的心灵奥秘，为我们展现了一个个全新的理念。

  正如书中所谈到的：学生需要心灵鸡汤的润泽，才能打开心锁，才能在爱心的呵护下走上光明大道，自信地面对人生。李老师通过大量的案例，讲述了有关老师与孩子之间的故事，这些故事在作者的笔下成为"打开心锁"的钥匙，在"一缕春风"中把"断线的'风筝'"引向友谊之线，感受集体的温暖，让他们不再孤独与寂寞。在我用心翻阅这本书的时候，感受到作者那些细心整理出来的教育故事全都活跃起来了，许多深奥的道理、平凡的事例在李老师灵动的笔下变得栩栩如生。我仿佛看到了《爱的教育》那些教育故事在本书里得以重现，启发教师如何与学生进行心灵的沟通。

  小学阶段是人生教育的第一步，这一阶段的学生生理发育速度很快，而心理则几乎从零开始，尽管孩子入学前受到了家庭的一些影响和幼儿园的启蒙，但是这与学校教育相比则远远不够。现在，许多教育界人士非常关注小学生的养成教育。的确，良好习惯和行为规范的养成对人的一生影响都很大。一个人从小养成的良好习惯会终身受益。正如作者所说：细节决定成败。教师对每一个教育细节的关注和感悟都可能影响教育效果。所以说小学阶段的教育必将奠定孩子将来发展的基础，一个人的性格、情绪、意志品质、人格、兴趣爱好及各种技能等都将在这一阶段初步形成，特别是人的想象力、创造力、记忆力、思维能力、注意力等也将初步得到开发。只有从小抓起，才能为孩子的未来打下坚实的基础。

现代学校管理与我国当前教育改革密不可分，因此，理论研究与实践运用要密切结合。究竟什么是现代学校制度，改革最终要使基础教育达到什么样的状态，改革应采取什么步骤，其间会遇到哪些困难和障碍以及如何逐步克服与解决等，都是比较复杂的问题。本书在班级管理、学校管理和推动学校发展的管理改革方面，突出了"实用"两个字，在诸多方面用典型的案例点出管理的穴位，对症下药，使读者颇受启发。从班集体中学生的成长，到校长实施学校管理的方式方法，面面俱到。"集小思，广受益，思考学校管理中的一招半式"，这些对教育的点滴感悟，以小见大，对从事中小学教育的同仁来说，有点石成金的功效。

李荣灿老师根据自己多年来从事教育的心得体会，通过大量的教学案例，为教育工作者们提供了宝贵的经验。我最欣赏的是，他能把复杂的教育问题通过讲故事的方法，做到深入浅出，这是难能可贵的。这些教学心得出版后可以与大家一起分享，这是我省中小学界一个可喜的成果，同时，也可以与全国的教育同行共同交流。

杨建国

目 录

启迪智慧的心灵之匙

打开心锁只需轻轻一转 / 3

送他一缕春风——后进生转化的舒心良药 / 7

断线的"风筝"飘向何方 / 12

诗意的教育，简单的师爱 / 16

轻松谈"情"，明白说"爱" / 19

生为悦己者容——尊重的力量有多大 / 23

小头脑，大智慧——四两也能拨千斤 / 27

种植美好——让学生做"学生" / 31

解困要有切入口——智能 ABC 输入法扫盲记 / 34

用"非典"抓"沸点"——矫正学生的不良卫生习惯 / 38

映照成长的一缕阳光

对学生主持班会的两点建议 / 45

让"花朵"在自然中悄然绽放——独生子女教育现状
　　调查分析及对策 / 48

尊重与合作——和谐团体氛围创建活动方案 / 51

师者如镜——尊人者，人尊之 / 55

破"网"，从"心"开始——戒除青少年网瘾急不得 / 58

忘掉自己是老师——"目中无人"与"心中有人" / 62

了解——亲近学生的法宝 / 66
缔造六星级家访——让家访不再负重前行 / 70
借名家说礼仪——礼仪在团体和谐发展中的作用 / 74

感悟教育的细枝末节

教育，需要欺骗吗 / 81
拨开"圈养"教育的迷雾 / 86
教师"变脸"为哪般 / 91
班级性格也需要科学发展 / 96
聚焦家访 / 102
教师的课堂"话语霸权" / 109
遭遇暗示 / 114
班干部，不是"托儿" / 124
一句话的分量 / 133

点石成金的一招半式

巧解尴尬的沟通之术 / 141
网络"意见箱"能否"光芒四射" / 145
尊重＋合作——教师和谐的关键词 / 148
校长应学《猫和老鼠》的关系哲学 / 151
借故事说师资的"短处"经营 / 153
睿智的赞美仿如扬帆的风 / 157
"六子登科"激活老教师 / 160
校长，请当好"领路人" / 163
论文"百度现象"的思考与建议 / 168
筑高台，严防赌风污染校园 / 171

教育家办学当防"错位经营" / 174

以小见大的点睛之笔

把安全教育当作日常工作来抓 / 179
实现"三个对接",赋予规范以生命力 / 182
对评教管理有效实施的三点建议 / 185
校长——青年教师发展的"关键先生" / 189
校长,需要做好明天的打算 / 194
学校管理可借鉴"象棋"之道 / 199
提高学校资源利用率的"两个必须" / 202
校务公开面临的主要问题及对策 / 205
校园文化建设要体现"四气" / 209
校长,管理学校不妨当一名剑客 / 212
理、才、情、德、学——好校长的"五重"定位 / 215

后　记 / 218

教 育 , 倾 听 心 灵 的 声 音

启迪智慧的心灵之匙

受伤的幼苗需要滋润,才能在春风的吹拂下长出粗壮的枝条,才能对抗无情的风沙,开出绚烂而迷人的花朵。迷途的学生需要心灵鸡汤的润泽,需要教师启迪智慧的语言,才能打开心锁,才能在爱心的呵护下走上光明大道,从而自信地面对人生。

打开心锁只需轻轻一转

我曾读过这样一则寓言：有一把坚实的大锁挂在大门上，一根铁棍费了九牛二虎之力，还是无法把他撬开。钥匙来了，它瘦小的身躯钻进锁孔，只轻轻一转，大锁"啪"的一声就打开了。铁棍纳闷地问道："为什么我费那么大力气也无法撬开它，你却这么轻易就把它打开了？"钥匙笑了笑说："因为我了解它的心。"

这则寓言打开了我记忆的闸门，使我想起了一些教育往事：

案例一：

小林各方面表现都很平常，学习也不刻苦，成绩甘居中游，他自己对此却心安理得。刚开始我没太关注他，慢慢地，我发现他思维敏捷、头脑灵活，是棵学习的好苗子。可是，这么一棵好苗子为什么学习成绩只达到中等水平？经过一段时间的观察，我发现小林一旦取得一点成绩就容易骄傲，遇到一点困难就灰心，做事缺乏耐心和毅力。这时我想起上面的寓言，看来，要帮助小林取得进步，就要找到打开他"心锁"的钥匙。

我认为，像小林这样的学生要想成才，就一定要经过磨炼。于是，我开始有意地培养他。慢慢地，他对待学习的态度开始发生了转变，成绩也有了大幅度提高，曾两次获得全年级第一名。不过，好景不长，过一段时间后，他的学习热情就减退了，成绩也开始下降。

我知道，这时，我需要再次打开他的心锁。因此，我有意把小林从第三桌调到了最后一桌，他虽然看上去委屈、沮丧，但积极的学习态度却奇迹般地回来了。在接下来的一个星期里，他的父母每天都和我通电话，向我反映他在家里的情况。星期五，小林的父亲打电话告诉我，小林说要用实际行动证明他在努力向上，请求我把他调回第三桌，并说要在星期一向我正式提出申请。

　　星期一晚上放学后，小林来到了我的办公室。他直接对我说："我发现班长和其他学习好的同学每天都很认真学习，他们的学习有计划、有条理，所以成绩一直优秀。我感觉到自己在学习上不够积极，取得好成绩就骄傲自满，所以成绩波动很大；也体会到做什么事都应该抱着持之以恒的态度，孜孜不倦地追求。"听了这话，我问他："你知道老师为什么要把你调到最后一桌吗？"他忽然沉默了。这时，我对他说："其实，我并不是为了惩罚你才这样做的。老师想要一个结果，就是你刚才所说的发现和体会。你是一个很聪明的孩子，老师非常喜欢你，也相信你只要'胜不骄，败不馁'，肯定会取得更大的进步。我希望你记住这个经历。老师也知道你可能恨过我，在这里我向你道歉。"听了我的话，他眼里闪着泪花，说："老师，我了解你的心，我一定会争气的！"最后，在期末考试中，他再次取得了好成绩。

案例二：

　　我大专毕业时，在一所中学实习，时间虽然不长，但感慨却很深。那是我教学生涯的一笔很宝贵的财富。

　　一开始，我的指导老师就向我介绍了班里的具体情况，还特别提到了学生小蔡，他说："他是一个头脑灵活的学生，十分爱好体育，做事敢作敢当。遗憾的是他对学习没有丝毫兴趣，纪律比较松散。喜欢在晚自修的时候拿耳机听歌，一些老师想没收他的耳机，他居然敢跟老师顶嘴。跟他谈心，他无动于衷，很多教师都束手无策。"指导老师还特别交代我，遇到这个学生时要小心。

　　我为人好胜，因此，对小蔡十分感兴趣，当时就想："我不相信治不了他！"于是，一直想找机会与小蔡正面"切磋"一下。有一天晚自修，我终于看到小蔡戴着耳机摇头晃脑地小声唱歌，看到他目空一切的样子，我怒火中烧，并疾步走向他，准备没收他的耳机，再狠狠地训斥他一顿，杀杀他的锐气。小蔡看到我的阵势，极其迅速地把耳机放回抽屉，用手护着，怒视着我。相持了大约10秒钟，我意识到自己的身高在他面前占不到丝毫便宜，甚至我开始担心如果自己与他硬顶起来会在学生面前下不了台。

当时，我做了一个理智的选择——暂时不没收他的耳机。只是冷冷地对他说："你跟我出来。"其实当时我的脑海里一片空白，根本没有想好叫他出来后自己怎样处理这件事。有一刻我灵机一动，想起他十分爱好体育，而且身材高大，应该是爱好篮球的。于是，我故意避开他不遵守纪律的话题，而跟他谈起了篮球，没想到他的反应十分强烈，兴奋之余还有点自豪，对我说："篮球是我的强项，在全年级没一个人是我的对手。"看到他的反应，我暗暗吁了一口气。我建议他在班里组织球队，与邻班举行一次篮球赛，他答应了，而且还表示胜券在握。通过简单的交谈后，由于有了共同语言，我们的谈话也开始自然起来。接下来的晚自修时间里，他很给我面子，十分守纪律。

我们都是篮球迷，是篮球让我们迈出了"切磋"的第一步。与邻班进行的篮球比赛是我们获胜了，赞扬之余，我也与他谈在比赛中的表现，因为说得在理，他欣然接受了。在业余时间里，我利用自己的篮球知识，经常与他深入谈论中国篮球的兴衰、谈NBA、谈乔丹……有了共同语言，我们的距离更近了一步。因为我广博的篮球知识，他很佩服我。我有时也跟他谈对学习和纪律应有的态度，开始他不愿意听我的，后来他也能参考一下我的意见。同时表示在我的课上他会认真听讲，但其他的课他希望我不要管。在后来的一次谈话中我再次谈到这个问题，在我的再三要求下，他有点动摇，并答应考虑一下。

第二天，他跑过来对我说："老师，我可以答应你，不过你也要答应我一个条件。如果你做到了，我全听你的。"他提的条件是：要跟我秘密进行一次篮球比赛，我赢了，他就全听我的（因为他想知道我是否信口雌黄）。我听了，不假思索地就答应下来。我参加过几次县里组织的篮球赛，自信对付他绰绰有余，看到他狂妄的样子，我忍住了笑。在一个星期六，我们开始了比赛，他提出谁先进10个球谁就胜利。虽然旁边没有观众，但我们还是十分认真地对待那场比赛。他当然不是我的对手，我顺着他的意思，当分数到了9∶7时，我上演了一个扣篮绝技，他看呆了，在我重扣时，他已被我深深地折服了。最后，他说："李老师，以后我都听你的，但请你把今天的事当作秘密，好吗？"那一刻我知道：我胜利了。

我实习期满走的那天，他把自己亲手做的礼物——一个用竹子织成的篮球送给了我，还有一张纸条，上面写着："老师，您放心，我听你的！我有一天会打赢你的，你等我！"他做的篮球虽然粗糙，但却充满了情谊。

　　我又想起了开头的那个寓言：唯有关怀，才能进入学生的内心；唯有触摸到学生的内心，才能了解学生；唯有了解学生，才能让自己变成一把开启学生心灵的钥匙。让我们用真诚与智慧，打开每一个孩子的心锁，不让他们的心门关闭。总之，面对学生，打开心锁只需找对钥匙轻轻一转。

送他一缕春风——后进生转化的舒心良药

对后进生来说，教师那温暖人心的关切、鼓励，充满温馨的祝福以及点亮心灵的话语，都犹如一缕春风，滋润着他们的心田。如果送后进生一缕春风，他也能展现出春天般的美丽。

案例一：

小嘉是学校出名的"烂泥""铁汉子"，他经常伙同几个"臭味相投"的同学，欺负女生和低年级的学生。老师责备他，他居然扬言要揍老师；老师让他补作业，他居然说："你再逼我，我就去跳楼。"他之所以破罐子破摔，是为了维护已经失去的自尊。面对小嘉的种种病理，我为他配制了一副药方——以赏识评价促其进步。我预先印制好一叠"报喜单"，每个周末发给表现优秀和进步明显的学生。（如下图）

报 喜 单		
具体 事项	学习方面 纪律方面 好人好事	第　周 教师留言（签名）	家长反馈条

有一次谈话时，我问他："你想改变同学和父母对你的看法吗？""怎么不想，我做梦都想成为一个好孩子。可是，我能做到吗？"我肯定地回答："能，一定能。你也有很多优点呀，昨天你劳动的时候多积极，还有你的体育成绩多棒，去年运动会，你不是还帮班级争光了吗？这就是你的优点呀！我们互相配合，你邀上那几个好伙伴，一起来实行改变形象计划，好吗？"从小嘉的眼神中，我看到了渴望。于是我叮嘱小嘉

等几名同学：第一，对老师、同学要有礼貌，不能用言语伤害同学；第二，上课不能搞小动作、开小差；第三，衣着要整洁；第四，继续发扬积极劳动的优良作风。他们都非常积极地配合我，在每天的班级小结里，我都公开表扬他们的进步，也让其他同学感受到他们的进步，为他们拿报喜单埋下伏笔。

一周下来，同学们在评选表现优异、进步明显的同学时，对小嘉和其他几位同学的评价都很高，"过去他们经常欺负女生和低年级的学生，但在这一周里变得有礼貌了，和我们每个同学都打招呼。""星期四那天下雨，我忘了带雨伞回来，放学后，小嘉居然把雨伞塞到我的手里，自己跑进了雨中。""数学老师表扬他们作业越来越整洁。""他们把班里的烂桌椅都维修好了，还帮一年级的小朋友搞清洁呢。"经过同学们的评议，小嘉和另外两位同学都如愿地拿到了报喜单。

家长A说："我的孩子拿着报喜单回来的时候都十分高兴地给我看，我发现他变了，人开朗了，学习认真了，脾气也改了很多。"

家长B说："以前我经常责骂都没办法改变他，反而弄巧成拙。现在他变乖了，各方面也有了进步，我感谢老师，感谢报喜单。"

家长C说："自从有了报喜单，我才发觉孩子在学校有很多表现好的地方，同时也有了很大的进步，以后我要多关心他。"

小嘉他们找到了心理平衡点，也有了强烈的上进心。到了期末，小嘉还被评为"学雷锋积极分子""优秀少先队员"。他捧着奖状激动地对我说："老师，谢谢您，这是我第一次拿奖状。"在一次"写信"的单元作文中，我收到了小嘉写给我的信："老师，您知道吗？我以前经常想象自己是一棵将要枯萎的小草，曾经想过去死。是您像春风一样，让我看到了希望，给了我鼓励，给了我信心。现在，我感觉到了家庭的温暖和集体的温暖。是您给了我美好的一切，我会继续努力，争取更好的表现。我衷心感谢您，我最爱的老师！"

案例二：

接手一个新的班，班里有个"天王级捣蛋鬼"小胜，"小事一天不断，大事三天一桩"。我每天都会收到科任老师和学生对他的投诉，小胜要么缺交作业、上课吵闹，要么拉女同学的小辫子、用红笔在女同学身上画乌龟，要么跑到其他年级惹是生非。我曾苦口婆心地教育他，声色俱厉地批评、处罚过他，却丝毫不见他有改观。看着自己的教育方法一次次以失败告终，我迷惑了，感觉遇上了"刺头"。每次想起小胜的面孔，我便会产生莫名的愤怒。但是，我不想有学生在我的教鞭里倒下，更不想让自己的教育生涯留下败笔。因此，我极力地保持理智，冷静地进行换位思考：如果我是小胜，会接受老师的方式吗？答案是不会，他肯定已经对谈心、批评、惩罚等的老套路烂熟于心了。踌躇中，我想起魏书生老师说过的一句话："多改变自己，少埋怨环境。"

我用心地观察小胜，深入分析了导致小胜身上诸多问题形成的心理动因和环境因素。我发现小胜其实有很多鲜为人知的优点，他很渴望被关注，之所以经常违反纪律是因为老师和同学们不懂得"欣赏"他的优点，而总是针对他的缺点。久而久之，小胜的自尊心受到了打击，无形中就增加了他与老师和同学之间的距离。我似乎能感觉到他的热情被冷落并逐渐变得冷漠的那种无奈。针对小胜的种种病理，我为小胜配制了一副药方：以评价促进步。通过找其优点，广泛宣传，树立他的信心和威信，让他在同学中间"站"起来。

我决定在黑板报里设立一个"新闻栏"，宣传班上的好人好事。"新闻栏"一是突出对比性：昨天与今天对比，看看谁有进步；二是具有条理性：一天一小结，一周一总结；三是具有宣传性：选出本周进步最大，做好事最多的同学为本周新闻人物，其名字可在板报新闻栏里出示一周。连续两周获选就给予奖励，而且将其事例形成文字稿件投到学校广播室加以表扬。

在"新闻栏"成立的前一个星期，我每天都邀请小胜到我的宿舍谈话。刚开始小胜对我的邀请显得拘谨和不屑。连续几天，我都跟他谈天说地，专门挑一些他感兴趣的话题聊。渐渐地，我们的话题变得广泛了，他的话语也开始多了起来，我们的关系也逐渐变得亲近起来。

我在班上宣布成立"新闻栏"时，全班同学都异常兴奋，只有小胜有些沉默。放学后，我一如既往地邀请他聊天。这次谈话，我与他一起分析了他的问题，还特别讲了他的优点，讲了自己对他的期望：希望他能登上"新闻栏"。他颤声地说："老师，我能吗？"我认真地细数了他的进步表现，说："你听，有这么多。"他笑了。最后我对他说："今天的作业能完成吗？"他说："能。""这身衣服也该换了吧？"他好像明白过来什么了，高兴地说："老师，您放心吧。"

第二天早读时，小胜果然穿得整整齐齐，我趁机说："同学们，今天是'新闻栏'成立的第一天，看谁的眼睛最雪亮，能发现哪位同学的变化最大，成为金榜题名的第一人。"听我这么一说，大家的目光开始到处搜索。

"大家看小胜，穿得多干净呀，脸也白了许多。""哼，他一定也想金榜题名了。""哈哈，臭美！"听到这些小胜不禁脸红了，我急忙说："我们的'新闻栏'是评比过去的人和事，还是现在的呢？"班长小玲说："我们在'新闻栏'规定的条例上清楚地写着'不计较过去，只展望未来'，谁表现好，都能金榜题名。小胜应是我们'新闻栏'第一个金榜题名的人。"她声音刚落，同学们顿时骚动起来："他配吗？"听到这话，小胜羞愧地趴在了桌子上。他们的反应都在我意料之中，于是我说："李白小时候经常逃学，后来他看到一个老奶奶决心将一根铁棒磨成绣花针，深受感动，他从此迷途知返，发奋学习，最终成为伟大的诗人。其实，小胜同学用行动证明了，他想改变自己，难道我们不应该支持他吗？"同学们沉默了，我接着说："我相信他以后一定可以做得更好。"

我的话得到了同学们的一致赞同："今天小胜没有缺交作业，而且字体较整洁。""今天早上在路上他还跟我打招呼呢。""对，他也跟我打招呼了，以前从没有过。"教室里响起了一片议论声，最后同学们纷纷说："我们应该支持他。"最后，值日班干部在板报"新闻栏"上记下：小胜懂得礼貌待人、穿着整洁（进步）。这时，同学们都向小胜投去惊讶与羡慕的眼光。这节早读课小胜读得很认真，下课后，他的大名再一次被记录在"新闻栏"里：小胜早读认真（进步）。

踏出了成功的一步后，我一如既往地邀请他聊天，经过长时间的沟通后，小胜"爱管闲事"的小毛病逐渐消失了，他还成了"新闻栏"里的常客，成绩也一步步得到了提高，同学关系变得更加融洽了。他还成了学校的"天王级"人物，在新一轮的班干部选举中，他以全票获选，担任了班级的劳动委员，还当上了学校的卫生检查员。

幼苗需要滋润，受伤的幼苗更需要悉心照料，这样，它们才能在春风的吹拂下重新开出绚烂而迷人的花朵；学生需要关心，迷途的学生更需要爱心的引领，只有教师用心地呵护，让学生感受春意，才能驱走学生心中的寒冷。

面对后进生，不妨送他一缕春风！

断线的"风筝"飘向何方

风筝，是蓝天的旅客，它的梦想是飞翔。有了线的牵引，风的推动，风筝才能飞得平稳、安详。然而，有时当风筝断线时，风却可能成为它的悲哀。

学生小邓11岁，父亲早年因车祸丧生，母亲改嫁，把弟弟送养到了一个很远的地方，从此，她就与姑姑相依为命。当时，她就住在学校对面，是一个品学兼优的学生，还是班里的副班长。

小邓性格一直很坚强。可是有一段时间，开朗的小邓突然变得沉默寡言，而且和同学的关系有点僵化，原本整洁的她也变得不修边幅，上课无精打采，学习成绩也急速下降。通过了解我感到震惊。原来迫于生计，小邓的姑姑去了外地打工，小邓只能搬到一个偏僻的乡村去独居，每天到学校要走一个多小时的路，而且每月只有150元的生活费。

于是，我和科任曹老师带了几个班干部来到了她的家。她的家在一个村庄深处，接近大山，那里只有几户人家，通往她家的路是一条宽不到半米的田间小路。虽然是晴天，可我们的裤脚还是沾满了泥巴。我的心情不由得沉重起来，当她告诉我们，那间用泥砖堆砌的小屋就是她居住的地方时，我们的眼泪止不住地流了下来。眼前的残砖败瓦怎能抵挡得住风雨呢？果然，屋子里还残留着被雨水冲洗过的痕迹，地上放了几个小盘子，是用来接房顶漏下来的雨水的。那一刹那，我脑海中不由得浮现出卖火柴的小女孩在风雪中瑟缩的身影，心里就像打翻了五味瓶，百感交集。

我终于知道：为什么一直守时的她这段时间总是迟到；为什么她的裤腿总是沾满泥巴；为什么她变得沉默了；为什么她的成绩急速下降。所有问题都有了答案，而这个答案是那么令人心酸！11岁，同龄人都在享受童年的快乐，都在无忧无虑地沉浸在家庭的幸福中时，她却经历着人生的逆境，饱受着生活的煎熬。

　　回到学校，我立刻召开了班会，主题只有一个：把爱心献给小邓。我对同学们讲述了在小邓家看到的情况，同去的几个同学也说了自己的感受，听了这个恍如故事而又真实存在的悲剧时，在座的同学都流下了同情的泪水，小邓的事例触动了他们的心灵，使他们感到悲痛。同学们用沙哑的嗓音，七嘴八舌地发表着自己的看法。

　　班长小罗说："我们班应该组织捐助活动，用捐款帮助小邓同学。"小宇说："她住的地方离我们学校很远，上学很不方便，我们可以用捐款帮她买公共汽车月票，买学习和生活用品。"小霞说："我爸爸是帮别人修整瓦房的，我可以叫他帮小邓免费修整房顶，让她的房顶不再漏雨。"学习委员小燕说："中午让她到我家里休息，我们还可以一起学习，我家里人肯定同意。""中午、晚上都可以到我家里住。""我把我那份早餐让给她。""老师，我们假期里一起到她家里，和她学习、玩耍。""老师，你教她怎样种菜，让她不用花钱买菜吃，能节省很多钱呢！""老师，你可以问她邻居的电话号码，有时可以打电话了解情况呀！""我们一个班同学的力量还是不够的，我们可以动员全校同学帮助她。""对，人多力量大。"

　　班会课的讨论在热烈地进行着，同学们的想法听起来多好啊！但是，有一个人始终保持沉默——小邓。为什么她选择沉默呢？在学生们的讨论声中，我极力地换位思考着：如果我是小邓，愿意被一片同情声包围吗？如果我是小邓，知道自己的窘境被公开讨论，会有什么想法呢？如果我是小邓，面对热情的伙伴，日后相处是否会感到压力呢？想到这些，我茅塞顿开，同时也理解了她一直沉默、脸色泛红、眼角含泪的原因，那一刻，我心里多了一丝自责：小邓的自尊心很强，如此大张旗鼓、毫不掩饰的支援大会，一不小心会让她感到无地自容的，以后面对同学时她只能扮演弱者的角色。

　　想到这，我的心"咯噔"一下！于是我急忙打断了同学们的议论，说："同学们，小邓是一个非常优秀的孩子。说实话，目前她确实面临着很多难题，也非常需要帮助。但是目睹她面对困难时所表现出来的那种坚强和勇敢，让我肃然起敬。作为老师，我为她感到骄傲。"小邓依旧沉默

13

地看了我一眼。我接着说:"每一个人都可能面对困境,只要咬咬牙坚强面对、勇敢前行,一定能排除万难,一切困难都会迎刃而解的。小邓同学正是用行动来给大家证明,她在努力为自己的明天奋斗。有这样的同学,我们应该感到庆幸。"话音刚落,班上就响起了一片掌声,而这一切都是送给小邓的。

学生们也都不由自主地表述着自己的观点:

"我感到羞愧,面对困难时经常退缩。我非常敬佩小邓,我以后一定向她学习。"

"小邓,我希望跟你成为要好的朋友!"

"小邓,我支持你,无论发生什么事情,我都会和你站在一起,共同面对。"

"小邓,继续坚强下去,一切都会好的。"

……

看着大家纷纷表露心声,我继续说:"同学们,我相信小邓能感受到大家的关心与爱护。作为老师,我承诺,一定与小邓一起走过难关。在我心目中,她是最可爱的人!说实话,我希望大家能学习小邓的坚强品质,希望大家懂得尊重小邓、亲近小邓。以后,在小邓需要帮助的时候伸出友谊之手,在每一位同学需要帮助时都伸出支援之手。让我们携手同行,愿我们的友谊地久天长。"

自从那次班会课后,大家总喜欢围绕在小邓周围,跟她聊天,一起学习。小邓也不再感到孤独,她恢复了以往的笑容。她在日记中写道:"我的父亲去世了,母亲、弟弟也离开了我。那时,我还小,还能无忧无虑地和伙伴们一起玩耍。当姑姑到城市打工,剩下我一个人时,我很孤独,觉得自己是世界上最悲惨的人,再也没有人关心、爱护我了。但是,我也很幸运,老师、同学和很多不知名的叔叔、阿姨都非常疼爱我,这让我感觉身边又有了很多亲人。我很想对他们说一声'谢谢'!我也知道,一句谢谢远不能报答他们对我的恩情,但我还是要说——谢谢你们,我的亲人!"

如今,小邓已是续上线的风筝,或许她不能飞得很高、很远,但至少她知道,有一根友爱的"线"会带她回家。

其实,每个孩子都是一只风筝,父母的亲情是丝线。对于一些孩子来说，亲情的丝线可能已经断了，使他们像一只只飘零的孤筝。这时候，教师要能及时发现问题，用充满温情的双手把牵引"风筝"的丝线接上，让孩子感受到关爱和温暖。

每个孩子都是一只风筝，同伴的友情如轻风，是风筝前行的动力。对于有些孩子来说，已然无法拥有父母的爱，他们孤僻、封闭、自卑，与同学缺乏交流。这时候，教师要想方设法为"走单"的孩子续上友谊之线，让她们不再孤独与寂寞。

愿天下的老师用好手中的丝线，别让学生如断线的风筝！

诗意的教育，简单的师爱

小玲是一个来自云南的女孩，个子矮小，有点小聪明，做事我行我素。记得她来到班上的第一个星期，有一个男孩子来向我告状，说小玲把他的书划破了，还很委屈地拿给我看。我找小玲了解缘由，问她："你为什么划破别人的书？是他惹你了吗？"她很平淡地对我说："他没有惹我！我也不知道自己为什么要划他的书，我就是想划。"要是别人这样说，我会认定那是在挑战我的威严，但看她的神态和语气，我丝毫感觉不到她有这样的想法。我当时就笑了出来——这个小姑娘还挺可爱。

慢慢地我发现，小玲其实很乖巧，骨子里有一种气质，不过也有坏习惯——总是迟到，我要求学生在上课前五分钟回到教室，但她很少做到；而且头发散乱，一头参差不齐的短发总是乱成一团；下午上课喜欢打瞌睡，就是站着也能睡着，有时甚至还打呼噜。

不过，小玲的成绩很好，同学们也很喜欢她的淳朴。有她的存在，班里多了很多笑声！我对她，可以说是有点偏爱吧。我试过很多方法，想矫正她的坏习惯，可成效不大。为此，我可是煞费苦心。

1. 一把梳子，一面镜子

这天是星期一，安排了学生早读后，我便在走廊等待小玲的出现。果然，在上课前的两分钟，小玲出现在操场上，我小跑着下去"迎接"她。看见我在等她，她竟然脸红了，也没有说什么，只是低下了头。她肯定以为我要责备她。看见她的样子，我心里想：俺这次可是来帮你治病的，把你身上的懒虫全赶走，看你还好不好意思迟到！

我友好地笑了笑，牵着她的手走到了水池旁，帮她把手和脸都清洗了一遍。清洗完后，我带她到办公室，从抽屉里拿出早已为她准备好的梳子帮她梳了梳头发，然后又拿出一面镜子交给她。她看了看自己的模样，很是高兴。我笑着说："好看吗？老师给你设计的发型还满意吧！"她笑着说："好看。""你看，现在的你多精神呀！其实你是一个很可爱的女孩子，只要你每天都梳头，大家肯定会更喜欢你的。我把梳子和镜子送给你，好吗？""不用，其实我也有梳子的。老师，我以后会注意的。"这次，当她走进教室的时候，同学们的眼光都刷的一下被吸引了，有些同学笑侃："小玲今天的发型真好看，都可以参加选美了。"小玲脸红了一下，微笑着走回了座位。在一旁的我看见了，心里想：这回应该药到病除了吧！

2. 一件披风，一次握手

一天下午，第一节语文课，小玲的瞌睡虫又来"上班"了，看着眼皮打架的她，我忍住了笑。大约过了一分钟，我暂停讲课，打开教室的储物柜，拿出一件披风，轻轻地盖在了小玲身上。同学们都在窃窃私语："小玲又睡着了，老师还给她盖被子呢。"我半严肃半微笑地说："小玲睡着了，容易着凉。我们迁就一下，把音量放低点！"大家听我这么说，捂着嘴巴笑起来。这笑声并没有影响入睡的小玲。看到她还在睡，同学们笑得更欢了。我假装绷着脸说："你们要是把小玲的瞌睡虫给赶跑了，谁来替班？"结果，一节课下来，大家都没有"惊动"小玲。下课后，我也没有叫醒她，而是直接回了办公室，因为我知道，学生们会传达的。

果然，小玲上午放学后来到办公室，手里拿着那件披风，低着头对我说："老师，谢谢您的披风。我以后上课再也不打瞌睡了，您千万别生我的气。"我笑了笑说："老师没有生你的气。首先，我想做一下检讨，可能是因为老师没有好好讲课，所以你才会想睡觉，以后我会……"说完，我把事先写好的《关于我的课堂学生爱睡觉的检讨》递给小玲。"老师，不是这样的，其实你讲课很生动，我们都很喜欢您，您幽默、和气、有学问。真的！老师，您别责怪自己。我知道自己上课睡觉是不对的，您放心，我一定改……"她急得差点哭出来。"哦！是这样呀！那老师就放心了。我也谢谢你！以后我们都认真做好自己的工作，我做一个好老师，你做一个好学生，好吗？"说完，我主动与她握了握手。这时，她真的哭了！（我用上了《艺术人生》的催泪手法，她焉能不哭？）那一刻，我知道，这回她的瞌睡虫可要"下岗"了！

17

下午放学后，我收到了一张纸条："老师，您是一个好老师，我们都很喜欢您！我们也知道您很关心我们，为我们付出了很多很多，您放心，我们都会像您一样，做好自己的事！老师，我们爱您！"纸条上还有密密麻麻的签名。原本想着好好地给小玲治治"病"，想不到让学生当了回"医生"，让我这个老师也深受感动。

视点：爱心教育，简约并不简单

每个孩子都有各自的特点，可能由于性格特征、家庭环境与教育经历等多方面的因素影响，会养成一些不良生活习惯。面对一些看似无可救药的学生，教师不必一味处罚、埋怨，甚至做出一些学生难以接受的行为，因为这很可能在伤害学生身心的同时，损害教师形象，甚至会造成与学生之间的隔阂。面对学生的不良行为，教师不妨换个角度思考，换种方式教育，可能一切都不会像想象得那么严重。多数时候，当教育时机适合、手法恰当时，学生的转变只是一瞬间的事。而这一切，需要教师耐心等待。

同样，花朵需要时间才能绽放美丽，要欣赏花团簇拥的美景，观赏者需要等待。教育也需要一个过程，需要时间，需要教师细心地挖掘切入点。在付诸行动的同时耐心等待，才能有见证花开的机缘。因此，与学生相处，实施有效教育，贵在有爱。只要有爱的存在，再简单的教育方式都会卓有成效，哪怕只是一句话、一个动作、一个眼神，甚至是一个微笑也能撬动学生的情感之线。有爱的教育，简约并不简单。

轻松谈"情"，明白说"爱"

"2007年2月17日——今天，我爱上了他（我的仇人×××）。其实我想忘掉他，可我怎么也忘不了。"

"2007年3月19日——我想跟他表白（我的仇人×××）！可我又不敢，怕他不接受。"

"2007年3月25日——今天，他对我笑了，我很高兴，但是这能代表他爱我吗？"

"2007年3月27日——我的仇人×××爱我吗？我不知道，可我却爱上了他。"

……

这一张张小卡片摆在我的办公桌上，通过笔迹我能判断出那是小群写的。情书的男主角性格豪爽，比同龄人高大，爱好运动，是全年级最棒的"篮球先生"，很多女孩都视其为"偶像"。看着这一封封"情深义重"的情书，我知道小群在与其相处的过程中迷失了方向。想起"刘德华事件"，我无限想象种种可能，心里充满担忧。如何在不伤害小群的前提下，引导其理智地面对所谓的"爱情烦恼"，解开她的心结呢？

很多老师都认为，恋爱是一个敏感的话题，不能触碰。但我们不得不正视，现在的学生对身边的"爱情故事"也津津乐道：某某和某某是好朋友，他喜欢她哦！某某写信给某女孩，他说爱她呀！某某两个人经常一起玩，他们一定是谈恋爱了！某某说某个女孩漂亮，他一定对她有意思。相信这样的话老师们都听说过。"爱"对学生来说，确实是一个敏感的话题，一旦遇上，问题就复杂了，因为年少的学生并不懂爱。若学生不懂爱却偏偏想去尝试，而且胡"爱"、乱"爱"，影响学习不说，还可能造成其他不良的后果。许多老师也认为对此应该不提为妙，但我认为，与其让学生猜疑着"爱"、胡乱"爱"，倒不如打开天窗，拨开学生眼前那一层迷蒙的雾，让学生真切地接触爱、了解爱，学会如何去"爱"。经过再三思索，我决定在班会课上正式与学生"谈谈情，说说爱。"

"最近有一些令人烦恼的事解决不了。我想来想去也找不到好的办法，所以想请大家帮帮忙，看大家有没有好的建议。"

教室里顿时热闹起来，学生说："既然老师这么看得起我们，我们一定尽全力帮忙。""老师，别太担心，我们一定帮忙解决。"

看着学生们兴奋的样子，我又烧了一把火："你们的年纪还小，很多事不明白，可能帮不上忙。"

"老师，您不说怎么知道我们不行呀！""对呀，您要相信我们，我们一定能帮上忙的，对吧？""对呀！一定可以的。"大家起哄到。

我看时机已到，便说："前一段时间，有一个朋友告诉我，他13岁的女儿陷入了'感情'漩涡。特别喜欢香港明星×××，书本上、床头上都贴着他的照片。还打算到香港找他，日记里还有一些'我喜欢你''我爱你'的字眼。她的父亲不知道如何跟她说，向我讨主意，可是我根本没什么好的办法。如果是你的话，你会怎样对她说？"

学生们开始沉默了，有的紧皱着眉头，有的咬着手指。我说："看来太为难你们了，还是别管她了吧！你们想不出办法的。"我这话一出，学生们可不服气了，有的大声说："老师，您等等，让我们想一下。"说完便自发议论起来。几分钟骚动后，他们便满怀信心地娓娓道来：

"老师，就跟她分析分析道理，告诉她这样的爱不是真爱。"

"为什么？"

"歌星、球星都是公众人物，他们都有闪亮的一面，肯定能抓住很多人的心，而且很多人都佩服他们，被他们吸引了。但我认为这是欣赏，不是爱。"

"有道理。但感觉还差点力度。"

"还可以跟她说，明星们在舞台上光鲜照人，把最好的一面展示出来，当然有很多'粉丝'了。但他们也是凡人，也有自己软弱的一面。我敢说，某些地方我们比他们强。比如说，我敢和姚明比捉迷藏，敢和贝克汉姆比说普通话，呵呵！"众生哄笑。

"对呀，明星也不见得没有缺点，他们有那么多的绯闻。我爸爸说了，盲目追星会影响我们的心理健康呢！"

……

"同学们的观点太有见地了，出乎老师的意料，看到你们思想这么成熟，我非常开心。我想用你们的话来教育她会起作用的。"

"不过，还有更严重的问题。刚才你们说的道理她都懂，她现在出现了更严重的问题：好像对身边某一方面比较出色的同学，比如打篮球很棒或者学习好或人缘好的同学产生了好感，暗地里还递情书呢。"

"哇，那还得了？"学生们很是惊讶！

"你们说该怎么办？"我又把球丢给了学生。

学生们的讨论热情在延续。

"他的表现确实是值得我们欣赏的，但那不能称为爱，那叫好感。"

"对！表现突出而引起我们的注意，那是正常的，但欣赏并不等于爱！"

"同学之间，应该一视同仁、团结互助。说实话，我有很多要好的男女同学，经常一起玩耍、学习，但同学之间的友谊是纯洁的，不应该加上色彩。"

"如果多看几眼，说几句话，送几张卡片表示祝福也叫爱，那也太疯狂了吧！"

"对呀，如果真有这种想法的同学可要纠正观念了。"

"其实，我们现在的主要任务是学习，同时也要感悟做人的道理。父母、老师给予我们的，才是真正的爱，我们要懂得珍惜。"

……

通过讨论，同学们一致得出结论：要告诉她"欣赏不等于爱，要懂得珍惜现在拥有的爱！"

"同学们说得太好了！其实爱有很多种，父母很关心你们，那是父爱、母爱，是亲情的爱；老师关心你们，那是师爱；同学之间的深厚情谊，那是友爱。可以说，老师为你们感到开心，因为你们非常幸福！我们要好好地珍惜亲情之爱、师生之爱、友谊之爱，但在沐浴爱的洗礼的同时，更应该做好自己现在应该做的事，不要愧对这一份份诚挚的爱！如果是你，你会像她那样吗？"

学生们异口同声地说："肯定不会！"

"大家说得很好。不过我说的那位同学不在场，她听不到大家的话。你们愿意把自己的想法写下来告诉她吗？让她也像你们一样理智地看待爱。"

"愿意。"学生们把心里话全都写在了一张张卡片上交给我。

在班会进行的过程中，小群一直都沉默着。我知道，她的思想正在挣扎。从她课前的失落、慌张到课后目光里闪烁着微笑的转变过程中，我感觉到，她已经从"爱情"的迷宫里找到了出口。

把同学们的卡片收集起来后，我建议让小群把同学们说的话详细地摘录下来。大家纷纷对小群说："你一定要把我们的话整理好，千万别遗漏了。一定要让老师交给她，让她清醒过来，别再那么傻了。"

大约过了半个月，我在小群的日记中看到这样一段话："其实，我有一个小秘密，它困扰了我好长一段时间。那段时间，可以说是我从懂事起最难受的日子。回想起来，我真的觉得自己好傻，不过都已经过去了，现在的我已经清醒过来了。我知道，父母、老师、同学们都非常关心我，这一份份爱会长驻在我的心里。我感觉自己是最幸福的人！"

对，小群说得对，一切都过去了，留下来的都是幸福、是财富！

我对班上的孩子们说："我朋友的孩子读了大家的话后清醒过来了，不再为那件事烦恼了，她仍然是一个品学兼优的学生。"听了这话，大家释然了。我也知道，那次的班会效果很好，学生们对这类爱情故事也已经有了免疫力。

对中学生来说，情感难题就像一个灾难。教师应该冷静分析，妥善处理，想方设法帮助学生，把这类问题对学生的伤害降到最低。其实，老师不必避讳跟学生"谈情说爱"，有时候给爱情开一扇窗，会有意想不到的效果。这种教育是宽容，更是智慧。

生为悦己者容——尊重的力量有多大

案例一：

"李老师，今天我收到了杂志社寄来的样书。看着自己出版的作品，我爱不释手，许久没有平静下来。我迫不及待地想与您一起分享快乐。李老师，我还深深地记得您那句话——你一定能写出好文章。其实现在看来，当时我的那篇文章并不好，但是您的这句话犹如强心剂，给了我莫大的动力。您还指导我修改文章并在班刊上发表，我也因此收到了人生第一笔'稿费'——笔记本。从那时起，我就深深地爱上了写作。老师，谢谢您对我的鼓励。"

这是小齐寄给我的信。读完来信，我庆幸成立了班刊，庆幸当时没有扼杀他的写作兴趣，庆幸我奖励了他一个笔记本。

案例二：

上科学课时，一名学生总是看着我笑，而桌子上竟然没有课本。我想起该班班主任的话：班里有一名叫小秋的学生很特别，她经常会对着老师笑，给人一种傻傻的感觉。

原来就是她！我走到小秋的身旁，问道："你的书呢？"她不回答，只是看着我笑。我又问道："你忘带课本了吗？"她仍然在笑。这时，她同桌告诉我："我忘了带书，就把她的书借了过来。""你问过小秋了吗？"我问小秋的同桌。"没有，因为她肯定不会拒绝，很多同学都借过，她从来都不说什么。"他刚说完，其他学生便跟着起了哄："老师，我也借过。一次我忘记带书，老师就让她把书借给了我。""她有书和没书都一个样！""老师，你没有发现她喜欢看着你笑吗？她老是这样的，她是傻子！"此时，我看了看小秋，她脸上仍然挂着笑容。

我对小秋的同桌说："请你把课本还给小秋。你忘记带课本是你的错误，但不能随便拿别人的。"小秋的同桌不情愿地把课本扔给了小秋，但课本却掉到了地上。我用坚决的语气说道："把课本捡起来还给小秋，而且你应该感谢她。"小秋的同桌看我表情很严肃，就只好照做了。

接着，我对全班学生说："希望大家以后都向小秋学习，她懂得谦让，懂得与人为善，她有一种平常人没有的'为自己想得少，为别人想得多'的高贵品质，她是我心目中最可爱的人。"听了我的话，教室里异常安静，大家都面面相觑。这时，我发现小秋不笑了，脸上还微微泛红。

下课后，我特地把小秋叫到一边，试着和她单独沟通。我发现这时的她不再拘束，说话的时候显得大大方方，每讲完一句话还会微笑一下。从小秋的言语中我才知道，她之所以有那样的表现，是因为她刚加入新班级有些不适应。而且，她之前一直在农村生活，来到大城市，心理落差很大，总是自卑，因此便对同学们的不友好言行选择了"纵容"。但我知道，小秋拥有很多城市孩子不知道的有关自然界的知识。

经过进一步的接触，我发现小秋的智力并没有问题。只是她性格内向，不善言辞，再加上之前的学习基础不扎实，所以有些老师和她的同学们总是忽视她的存在。其实，小秋的微笑很真诚，但由于还没有融入新的班集体，她只能用微笑来掩饰失落和无奈。了解到这些后，我和小秋的班主任相互配合，经常请小秋给同学们讲一些关于在大山中生活的趣事和自然界知识，帮助她融入集体。现在，小秋依然喜欢微笑，依然喜欢在其他同学需要帮助时先人后己，但不同的是，她变得开朗了很多，学习也很认真，成绩进步很快，更重要的是，她终于成为这个班集体中不可或缺的一员，赢得了同学们的尊重与包容。

视点：尊重的力量有多大？

读完以上案例，在感受到教师尊重学生所带来的能动性的同时，脑海中不由浮现出一些情景：学生遇见教师不是礼貌地打招呼，而是绕道而行或假装看不见；班主任在课堂上教育学生要讲究礼仪时，居然有学生在下面偷笑。我不禁要问：为什么有些学生会拒教师于"千里之外"呢？为什么有些学生对教师的教导嗤之以鼻？为什么师生之间的关系会陷入冷漠呢？师生的心灵距离究竟有多远？

假如师生关系陷入"瘫痪"状态，教师是否应该扪心自问、反躬自省，多在自己身上找问题呢？因为，有时掀起这阵阵浪花的可能恰恰是教师本身。

师生关系的形成与教师的教育方法有着密切的联系。因此，教师要转变教育观念，尊重足以触动师生心灵的"情感线"，尽量缩短师生之间的心理距离，让师生关系不再有隔膜，而是走向和谐的彼岸。

1. 语言上尊重学生。语言上的尊重是师生之间沟通最基本、最直接、最有效的载体，但也是最容易导致负面影响的方式。魏书生老师在《班主任漫谈》一书中这样写道："尊人者，人尊之。就像一个人来到深山里，对着大山大叫'我爱你'，大山就会回应'我爱你'；对大山大叫'我恨你'，那么大山的回答也只能是'我恨你'。"在教师与学生沟通交流的过程中，语言是重要的纽带。如果教师对学生说话简单粗暴，沟通是无从谈起的，那样只会造成教师与学生之间的心理隔阂，学生也会拒教师于千里之外。

师生关系要和谐，就必须以爱为前提。要给学生传递师爱的信息，教师要在语言上体现出对学生的关爱之情，千万不能因一时的冲动用而刻薄的话伤害学生。正如孟子所说："君子以仁存心，以礼存心。仁者爱人，有礼者敬人。爱人者人恒爱之，敬人者人恒敬之。"一句好话不仅能暖人心，还能搭建爱的桥梁。因此，建立和谐的师生关系应从语言上的尊重做起。

2. 行为上尊重学生。其实细微的动作也能传递爱的信息。一位成功人士在回忆往事时特别提到他的一位小学女教师："在我记忆中深藏着童年无数美丽的片段，很多都是关于我的那位老师的。她的特别照顾让我感受到莫大的温馨。"回忆中，他特别提到了该教师抚摸他的额头、拥抱他、拉着他的手等细微的动作所带给他的安慰和鼓励。

作为一名教师，在与学生交流的过程中，需要谨言慎行。更为重要的是，应该明白自己的角色定位乃"传道、授业、解惑者"。教师应尊重学生，并以此为前提来开展教育活动，切莫采用推搡、揪打等教育方式，而是应当深入了解、分析问题的根源所在，想方设法帮助学生走出迷局，重回正轨。无论什么教育方式、采取哪种教育行为，都离不开尊重。

俗话说，"用大爱做小事"，良好师生关系的形成与否决定了教育活动的成败。要想成为一位成功的教师，一切应从尊重学生开始。

小头脑，大智慧——四两也能拨千斤

黄老师40来岁，身材不高，头上几乎"寸草不生"。由于他的声线偏于轻柔，再加上穿着跟不上潮流，怎么看都像个小老头。黄老师刚到学校，就被几个小调皮美其名曰："小头脑"。很多同事推测，"小头脑"老师很难在学生中树立威信，如果遇到5班的"四大天王"，可能更会束手无策。可奇怪的是，"四大天王"竟然被他——"降伏"了。

黄志新是班上的"调皮天王"，他每次都会给新老师来一个下马威。黄老师第一次来上课，刚踏进教室，黄志新便叫起了黄老师的外号，而且声音很大。全班同学顿时哄然大笑，然后全部都看着黄老师，看他怎么反击。谁知黄老师不仅没有生气，反而平静地看了看黄志新，接着竟然微笑着摸摸自己的脑壳："这位同学形容得还挺贴切。"大家又大笑起来。突然，黄老师盯着黄志新说："黄志新，咱俩最有缘分了。"顿时，学生们安静了，心里打着鼓：黄老师认识黄志新？要不怎么能叫出黄志新的名字，还说跟他有缘分？黄志新第一个忍不住了："咱俩有什么缘分呀！八匹马拉不到一块。"黄老师严肃起来了："缘分可大着呢，咱俩可是一家子呀！"黄志新急了："不可能！咱们怎么可能是一家子呢？你的脑袋多小呀，我比你大一半呢！"学生们都笑了，黄老师也笑了："咱们是动画片里的主角呢，在里面演的就是一家子呀！"这时，学生们恍然大悟，纷纷说："对，对！大头儿子和小头爸爸是一家子。"黄志新脸上挂不住了，刚想开口说话，黄老师却严肃地说："黄志新，跟老师一家子多好呀。难道你还不乐意？"这下，黄志新无话可说了。黄老师笑着说："以后咱们就一家子了，有空我会到你家串门的。"刚说完，黄老师马上又严肃起来："以后可要表现好，别给咱一家子丢脸。"黄志新突然脸红了，竟然害羞起来。从此以后，黄志新像换了个人似的，言行表现得都很好，最后，还当上了班干部。

陈自强是班上的"瞌睡天王"。这不，黄老师接手5班的第二天下午第一节课，陈自强又犯老毛病了。黄老师虽然看到陈自强昏昏欲睡，但没有表现出不悦的神情，只是轻轻走向陈自强，摸了摸陈自强的额头，脸上显出一副焦急的神色。陈自强被惊醒了，看到黄老师站在旁边，脸色大变。黄老师露出无比关心的样子，靠近陈自强，很温柔地说："你是不是不舒服呀？发烧了吗？别怕，老师在这呢！"学生们纷纷好意提醒黄老师："他肯定是装的。"黄老师看着自强，坚持自己的判断。这时，自强也清醒了许多，但因害怕黄老师责怪，只得承认自己不舒服。黄老师说："我看肯定假不了，自强的脸都白了。"接着，他又问自强："吃药了吗？你一定很难受、很想睡觉吧？"陈自强骑虎难下，无奈地点了点头。可谁知道，黄老师脸上的神情忽然变得紧张而严肃了，回过头来告诉班长："马上去请校医，就说我们班里有一位同学烧得厉害……"陈自强害怕穿帮，马上抬起头来说："老师，我现在没事了。我刚才只是有点头晕，现在已经好了，不用叫校医了。"黄老师说："不，我看你无精打采，肯定是烧糊涂了。一定要找校医，不行就到医院。我等会儿会通知你爸爸过来。"陈自强听了，一下子站了起来："老师，您看，我现在已经有精神了，刚才休息了一下，已经没事了。"黄老师这才笑了笑说："哦，没事就好！现在还需要继续休息吗？"陈自强坚定地说："没事了，可以继续上课。"黄老师又摸了摸他的额头，惊讶地说道："咦，真没什么事了呢！"接着他又摆出一副恍然大悟的神情："刚才老师太紧张了，我的手刚才捂了热水袋，还以为你发烧呢！原来是我的手太热。"说完又对他笑了笑，然后黄老师又平静地讲起课来。就这样，陈自强上课爱睡觉的毛病从此改正过来了。

黄志新和陈自强"两大天王"被俘，小生和小镇这两位经常不交作业的"拖拉天王"耳闻目睹，也收敛了不少，但是坏习惯一旦养成，再想改掉就很难了。虽然尽力克制，但是小生和小镇还是"旧病"复发了。黄老师严肃地问道："是你们做作业的速度慢，还是根本不想做？"小生和小镇连忙解释说："我们想做，但速度太慢，所以完不成。"让他们俩没想到的是，黄老师竟然露出了笑容："这不怪你们。你们想完成，但速度慢，这说明你们认真对待了。当然，老师也有责任，没有把知识讲透彻。"小生和小镇如释重负，黄老师接着说："我有个办法，你们想听吗？"他俩连连点头。黄老师高兴地说："那好吧！放学后我来找你们。"从此以后，小生和小镇每天放学都会到黄老师宿舍"做客"，甚至好几天都在黄老师家里吃住，还与黄老师一起种菜、做饭。一个星期过后，小生和小镇再没有缺交过作业，学习成绩也大幅度提高了。

"小头脑"黄老师巧治"四大天王"，让人不得不佩服："小头脑"里确实藏着大智慧。

视点：四两也能拨千斤

一般来说，学生的情感表达是很直接的。比如，某学生敬佩某老师，他/她便会乐于在该老师任教的学科上下功夫。但很多时候，学生（特别是调皮的学生）对老师的第一印象往往"以貌取人"。学生第一次与老师接触时，往往会先从外表、神态等方面判断这位老师的"气场"如何，这种判断将直接影响学生对老师的态度以及师生之间以后的相处方式。部分老师有这样的想法：新接手班级，千万不要对学生微笑，而是要严肃，甚至找机会发威震住学生，等熟悉以后再把笑脸限量批发给学生。他们认为，唯有如此，学生才会敬畏你，才能逐步感受到你的和蔼可亲。对于这个观点，我只能说"因势而为，因人而异"。如果从另一个角度来看问题，情况可能就不一样了。

其实，学生同样希望在第一次与老师接触时便占据上风，甚至给老师一个下马威。案例中的黄老师一开始便被学生"以貌取之"，遭遇了学生的"挑衅"。但黄老师不起眼的外表背后，却是充满了智慧和张力的教育手法，看似避重就轻、轻描淡写，实则以柔制刚、将计就计，在"巧"字上下足了功夫，用幽默打动了学生，拉近了与学生之间的情感距离，也让学生感受到了他的强大"气场"。黄老师善于抓住适当时机，步步紧逼，不给学生思考的余地，然后在短时间内征服学生。黄老师的这种教育方式，无异于四两拨千斤，做得少但成效大，值得我们深思。

对黄老师的成功，总结为一句话就是：用智慧诠释教育，四两也能拨千斤。

种植美好——让学生做"学生"

还有一段时间才毕业，学生们就开始互相邀写毕业留言和好友档案了。看到学生们的留言：祝你越来越靓、早日找到如意郎君、白马王子、财源广进……我并非食古不化之人，但学生如此"流言"，实难让我接受。如何才能让孩子们在留言中改变浮夸、一味追求时髦和享乐的思想，进而表现出真实的同窗生活与情感呢？如何才能让他们带着彼此的祝福走向高中生活呢？经过再三思索，我决定让他们"提前毕业"。

一天，我对学生们说："今天，我在路上看见了一名清洁工，那时的她穿着整洁的工作服，戴着口罩，正在默默地清扫路面。当时我就有一个疑问：为什么她没有穿着时髦的衣服上班，而是非要穿工作服，还戴着口罩呢？如果她也穿上时髦的衣服，耳朵上挂着音乐播放器，多前卫呀！"学生们对这个话题非常感兴趣，开始了热烈的讨论。

生："那是她工作的时间，当然要穿工作服了！"

生："那肯定是单位的要求。"

师："她的单位也可以用时髦的衣服当作工作服呀！规矩是人定的，可以更改嘛！"

生："如果她穿上时髦的衣服、耳朵上挂着音乐播放器上班，路人肯定会笑话她的。"

生："她的工作是清洁，当然要有自己的穿法。"

生："对呀，穿着朴素一点更有利于清洁工作。"

师："大家分析得很有道理。这说明做人做事不能因一味追赶潮流，而忘记了自己的角色。那么，大家的角色是什么呢？"

生（齐答）："学生。"

师:"学生最应该做的是什么?"

生:"学习科学文化知识和做人的道理。"

师:"很好,这说明大家没有忘记自己的角色是什么。毕业在即,你们有过为了追赶潮流,而忘记自己角色的事吗?"

听了我的话,学生们沉默了许久,然后都瞪大眼睛看着我。3年的相处使我和学生们之间形成了难得的默契,他们已经从我的语言、神态中知道我在暗示什么,都希望从我的眼神中寻找到信息——我是否会责怪他们。沉默了大约10秒钟,我们彼此都没有说话,仅仅用眼神交流着。最后,我笑了,学生们也笑了……

"老师,您看到我们毕业留言里的话,肯定很失望,为什么不责怪我们呢?"

"那都是'流言'惹的祸,它才是罪魁祸首,我哪能责怪你们呀,对吧!"于是,教室里又是一阵欢笑。

在一片愉快的气氛里,我和学生一起商讨"如何写毕业寄语",在商讨的过程中,孩子们述说着一些我知道的或不知道的往事,都沉浸在对往事的回忆中。最后,我说:"希望大家用最朴实的语言,最真挚的情感给同学们留下最真实的片段。"随后,我与学生一起制订了"关于言行规范的相关规定",并商量好相关的执行方式与制度。

此后,在留言册里,我又看到了他们那朴实而又充满真情实感的话语,少了浮华的气味,而是多了一份真实:

"莹莹,六年同窗之谊,我们就要离别,心里有一种留恋,很想很想让时间停留在这一刻。但天下没有不散的筵席,我会铭记这三年里的美好时光。你知道吗?我曾经很'妒忌'你,因为你总是那么优秀。希望在以后的日子里,你能继续努力,我会为你感到骄傲的。祝愿学业有成,快乐度过每一天!"

"小辉,虽然我们一直都叫你'笨小孩',但你从没有跟我们计较过。其实大家都很清楚,你一点都不笨——你会做手工,写得一手好字,最厉害的是你居然会修自行车,上次老师的车坏了,不就是你悄悄帮老师修好的吗?你真棒!你知道我们为什么叫你'笨小孩'吗?因为这样的称呼让我们感到亲切。你永远是我们心中最棒的'笨小孩'……"……

看着这一段段真情的告白,我感动着、沉醉着!在他们的留言册里,我也尽情地挥洒着心声,留下了点点墨痕。我衷心地希望:孩子们在离开母校之时,都能带着美好的回忆。

视点:教学生做"学生"

学生的心灵犹如一张白纸,教师在上面涂抹什么,它就会显示出什么。学生的模仿性和对新事物的接受能力比较强,很容易受到外界影响。正如上述案例中出现的现象,目前网络语言泛滥,很多学生错误地将其作为时尚、潮流的象征,并争先效仿。以上案例只是当代学生行为的一个缩影,在日常学习和生活中有很多事情学生的做法是与其角色不符的。面对这些情况,教师必须想方设法扭转学生的思想观念,帮助他们正确地认识社会、认识自己。笔者认为,教学生做"学生",关键在于"六要"。

首先,要言传,更要身教。在教育教学活动中,教师万万不能只重"言传"而不重"身教",或者甘当"语言上的巨人,行动上的矮子",或者在执行规章制度时,手中拿着手电筒,只照学生,不照自己。这样,学生容易效仿老师,久而久之,班级风气便会随之变坏。因此,教师要既当宣传者,又当实践者;既当指挥员,又当战斗员,以身作则。教育学生不但要"耍嘴皮子",更要率先垂范,为学生树立榜样,做学生的楷模。

其次,要适时,更要适度。教育要因人而异,因材施教,不能一竿子打倒一船人。教师要把握好教育时机,通过举例、讨论等方式引导学生;要把握好教育的"度",不要一味责怪学生,而应以引导为主,让学生通过讨论和自我教育发现自身的不足,并自觉改正。

再次,要善谋,更要坚持。学生由于受意志力等方面因素的影响,不良行为存在反复性,所以任何教育方式都难以做到一劳永逸。在一种策略奏效,并取得初步效果后,若不乘胜追击,形成良性循环,时间一长,学生的某些不良习性极易"卷土重来"。因此,教师可以根据情况制订相关管理制度,并坚持执行,以达到标本兼治。

解困要有切入口——智能 ABC 输入法扫盲记

面对学困生，很多老师会在气愤的时候甩出这样一句话："气死我了，笨死了，这个学生无可救药了。"笔者面对学困生，也曾经困惑过：他们真的无可救药了吗？

孔子说："知之者不如好之者，好之者不如乐之者。"笔者认为，针对学困生的教育要有耐心、有计划、讲方法、讲策略，不能硬着头皮撞破墙，而要找准切入口。

小艾刚转到班级来的时候是典型的学困生。他父亲说："我不指望他能学多少知识，只要不学坏，对我来说就是最大的安慰。"我尝试教小艾一些关于句型的知识，可他虽然知道解题方法，但却因为识字量太少而没法解答。于是我请成绩优异的学生去帮他，但这样太费力，效果也不好，最终帮扶活动无果而终。渐渐地，小艾的厌学情绪越发严重，甚至发展到不愿到校上课的程度。他对我说："老师，对不起，我已经尽力了。别管我了吧，我不会怪您的。"听了这几句话，我感到一阵心痛——这可才是十几岁的孩子呀！作为一名教师我不会轻易放弃！可不放弃又能怎么办呢？思来想去之后，我决定召集班里的"贤人良士"商量对策。

由几个班干部组成的"智囊团"各抒己见。有的说："他识字困难，我们就从认字开始帮他，不能一步登天。"有的同学不同意这个办法："一个字一个字地教，要到什么时候他才能跟上呀，这样也太费劲了吧！"大家又纷纷献策："老师，我们每人轮流辅导他读会一篇课文的字词。""我们教他查字典……"但这些建议都被一一否决了，因为操作起来都太费时间，而且说不定小艾会因为缺乏动力而退缩。就在大家苦无良策的时候，小高说："小艾平时上信息课最爱摆弄电脑，他还用智能 ABC 输入法打出自己的名字让我看呢！他说他家有电脑，我们不如把班刊文字打印的任务交给他，让他在打字的过程中多认些字。"一石激起千层浪，大家伙又议论开了："这个办法好呀，把班刊文字打印的任务交给小艾，他一定会认真对待，这样便可以锻炼他的识字能力。""是呀！我们教他拼音查字法和部首查字法，让他自己查不认识的字。""我们可以轮流帮助他，比如在他打印的稿件里教他注音和拼读。这个方法肯定行。"

一举两得，这个主意不错，于是我决定采纳。在接下来那周的班会上，我对学生们说道："我们的班刊在出版时遇到了一些问题。我平时有很多事情要处理，有时不能及时打印文稿，但又不能耽误班刊出版的时间，谁来帮我出个主意？"这时，班干部趁机提出选一个会打字而且家里有电脑的同学帮忙打印，大家纷纷表示赞成。最后，同学们一致推选小艾。小艾惊慌地说："我不行的，老师。我有很多字不认识，让我负责班刊的文字打印，这个任务我不敢接受，也接受不了。"我说："同学们也都很信任你，你不肯答应的话，我们这期的班刊就不能按时出版了。""对呀，你要帮忙呀！"同学们附和道。小艾想了想说："老师，我爸爸不让我玩电脑。"我看时机已经成熟，便说道："如果你爸爸同意，你会接受这项任务吗？"小艾迟疑地点了点头。"我会和你爸爸商量的，这个你可以放心。至于你不认识字的问题，我有办法解决。"

放学后，我送小艾回家，经过沟通，小艾的父亲高兴地同意了。于是，我鼓励其他学生教小艾练习部首查字法和拼音查字法，在他渐渐熟悉查字法后，我把一篇150多字的文稿交给他，并告诉他："这是你这个星期唯一的作业，不懂的字查字典，再不行可以打电话问我。"虽然小艾第一天只打了18个字，但我仍鼓励他："已经很不错了，很多人还没你的水平高呢！"在班里，我还表扬了小艾，同学们都纷纷夸奖他。第二天，小艾高兴地对我说："老师，我今天打了32个字。"我如法炮制，又表扬了他一番。到第四天，小艾终于完成了任务。在肯定了他的成绩后，我又给了他两份文稿："你这次的任务更重了，不过我给你找了个帮手。"我请他的同桌小陈（语文科代表）帮助他，让他与小艾一起把稿件里较难的字都注上音，并适当地教小艾拼读。

在小艾的努力下，班刊终于如期出版了。对此，我表扬了小艾，同学们也把热烈的掌声送给了他。此后的大约3个月时间里，小艾不仅字词能力突飞猛进，而且他的语文整体成绩也渐有起色。3个月后的最后一次单元测试中，小艾破天荒地及格了，考了62分。看着红红的"及格"两个字，我分明发现惊喜的表情和自信的神态刻在了小艾充满笑容的脸庞上。

视点：解困要有切入口

学困生是指智力与感官正常，但学习效率低下，达不到国家规定的学科课程标准要求的学生。个别学困生的存在，对于一个班级而言也许无关紧要，但对于一个家庭来讲，孩子就是希望，所以，帮助学困生"解困于学"是教师义不容辞的责任，是家校教育中不容忽视的一个重要环节。

上述案例呈现的是个别学困生的转化方法和技巧，是一个较为成功的转化案例。但是，任何教育手段都不可能"放之四海而皆准"，也不可简单复制或生搬硬套。

笔者认为，学困生的转化是一项复杂的工作，但只要认真地分析不同学困生存在困难的原因，寻找切入口，采取有效措施，因材施教，要做到成功转化是完全可能的。如果深入探究，学困生学习困难的形成原因有如下几点：

（1）学习目标不明确；

（2）自卑心理；

（3）缺少教师的正确引导或学习方法、学习策略运用不当；

（4）小学阶段与初中阶段知识的衔接不理想，新旧知识断层；

（5）社会大环境的影响或家庭教育不到位，或者沉迷于网络游戏；

（6）受家庭变故影响，导致思想不稳定，心理出现偏差，且无法及时走出阴影。

针对以上原因，我们应当找准以下转化的切入口。

（1）多关注。学困生应成为教师重点关注的对象。很多教师习惯性地只从知识层面关注学困生，寄希望于题海战术、开小灶以及语言激励等教育方式，对于学困生究竟因何而"困"，部分教师很少关注。如果不能洞悉学困生陷入"困境"的原因，又怎能"对症下药"呢？因此，教师在关注学困生知识层面问题的同时，也应当关注学困生的心理层面。只有多方面结合的转化才可能找准解困切入点,才能取得转化效果。

(2)善解读。教师应当以平和的心态解读学困生,深入分析学困生家庭环境、知识储备等方面的因素,为制订转化方案提供参考。只有善于解读,才能帮助学困生逐步摆脱窘境。

(3)讲策略。教师要想使自己的教育行为取得成效,需要以了解学生为基础,需要用心地去解读学生以及他们所面临的现实问题,更需要采取具体而恰当的教育策略。面对学困生,教师要根据其特点,或进行心理疏导、或加强家校联系、或进行知识衔接指导、或开展帮扶活动,即根据实际掌握的情况,选择相应的转化策略。

(4)重坚持。转化学困生,在短时间内很难取得效果。在转化的过程中,教师可能会遇到学困生一次又一次的反复"冲击"。这就导致教师压力的增加,也意味着教师需要付出更多,意味着教师需要坚持不懈。

用"非典"抓"沸点"——矫正学生的不良卫生习惯

一直以来,班级环境卫生和学生的卫生意识是学校常抓不懈的工作重点之一。学期初,我发现班里学生的卫生意识大不如从前:地上经常出现果皮纸屑;随地吐痰;堆放劳动工具和垃圾桶的角落一片狼藉;习惯性地在抽屉里堆放垃圾;餐具不清洗,下顿接着用等现象不断出现。对于这些情况我看在眼里,急在心里。我知道这多数是学生在假期里养成的坏习惯,虽然我多次强调要严格处罚不讲卫生的学生,但收效甚微。

如何增强学生的环境卫生意识,让他们养成良好的卫生习惯呢?在苦无良策之时,我想起在"非典"期间,全校的卫生条件和各班的卫生情况很好。于是,我决定从"非典"入手,在班上开展一次以"'非典'会回来吗?"为主题的班会。

我首先利用多媒体课件展示了一些关于"非典"的图片和文字,并让学生回答问题:"刚才我们看到的图片和文字与什么有关?"学生们对"非典"并不陌生,答案脱口而出。我接着又抛出一个问题:"曾经,我们谈'非'色变,在那个时期,为了不和'非典'亲密接触,大家都把自己'武装'起来,非常注意自身和周围环境的卫生。今天,'非典'似乎已经离我们远去,但我们不能'好了伤疤忘了疼'。请问大家还记得'非典'是怎样造成的吗?"同学们开始纷纷发言。

小陈说:"非典型肺炎主要是通过近距离空气飞沫和密切接触传播的。"我继续问道:"'非典'高峰期过去了,很多人都放松了警惕。你认为'非典'还会回来吗?我们应该如何预防'非典'再次入侵?"我要求他们进行小组讨论,各小组统一观点,看哪一个小组分析得更到位,然后评选最佳小组。

第三组的小李发言说:"预防非典型性肺炎要经常打开窗户,注意保持室内空气的流通,还有就是要尽量远离人群。"

话音刚落,第五组的小王马上接着回答道:"除此之外,还要注意均衡饮食,预防感冒,保证充足的睡眠。"

其他小组也不甘落后,竞相发表意见,第六组补充道:"更重要的是要注意卫生清洁。"

我看时机已到,便巧妙地将话题引到实际生活中:"那么,在学习及日常生活中,我们应当如何注意饮食和卫生清洁呢?"

学生们又加入对新问题的讨论中,大家各抒己见:"要预防病从口入,还要保持学习用品的卫生和清洁。另外,喜欢咬笔头的同学要改掉这个坏毛病。""要养成良好的生活卫生习惯,衣服要整洁,要经常洗手,还要用毛巾把手擦干净。要注意家里的卫生清洁,仔细打扫,室内要保持空气清新。"

学生们讨论得热火朝天,纷纷讲出自己的看法。这时,生活委员小能站起来说:"大家讲得很有道理,但是如果学校、班级的卫生很差,又怎么能阻止疾病的传播呢?"小能的一番话让同学们恍然大悟。小能继续说:"学校是一个群居的地方,要是有哪位同学染上了病,会很容易传染给别人的,所以我认为只有搞好班级和个人的卫生,才能更好地预防疾病的产生和传播。""对,最近我发现一些同学吃完课间餐后,不清洗餐具,下次还接着用,这非常不卫生。还有,有几位同学经常随地吐痰,这也是不卫生的行为,很容易导致细菌的传播。""我认为一些平时喜欢打球的同学,运动后经常不洗手,这也很容易造成细菌的传播。""非典型性肺炎是因为不注意卫生清洁等因素引起的,如果我们不'吃一堑,长一智',说不定还会有其他更棘手的疾病出现……"同学们的发言很有警醒作用,一些平时卫生意识不强的同学听了这些话后,都下定决心改变自己不良的卫生习惯。

在主题班会快结束时,我总结到:"开学的这段时间,我们班级和部分同学的卫生情况如何,相信大家心里都有一杆秤。"这时我发现,那些平时不注意卫生的学生都低下了头。我继续说到:"前段时间,部分同学的卫生意识淡薄,班级和个人卫生都存在隐患,这给班级荣誉造成了很大的损害。其实，即使没有'非典'的出现，我们一样要注意保持卫生的清洁。今后，希望同学们行动起来，还大家一个良好的生活和学习环境。"

这次班会后，我发现班里的卫生状况好了许多，一些学生的生活陋习也逐渐不见了。看到学生们增强了卫生意识，改变了不好的习惯，我感到很欣慰。

视点：矫正学生不良卫生习惯贵在得法

很多教师对学生薄弱的卫生意识深感头痛，即使反复强调，但问题还是不断出现。上述案例中的教师借助学生熟悉的素材进行了一次卫生养成教育，效果很好。该教师的成功之处在于他找到了问题的切入点，巧妙利用曾给学生留下深刻印象的事件，引起学生的关注。事实上，教无定法，生搬硬套只会走进死胡同。要帮助学生养成良好的卫生习惯、树立正确的卫生意识，需要采取系统的、有针对性的教育策略。

第一，切实加强养成教育。我们不妨从养成教育入手，通过宣传教育，借助班会、板报等形式，让学生了解保持卫生的重要性。采取形式多样、学生容易接受的方式，让学生明白什么可为、什么不可为。对学生的一些不良卫生习惯，应及时给予纠正，逐步树立学生良好的卫生意识。同时，教师应主动与学生家长沟通，注重家校合力。

第二，逐步完善相关制度。"近朱者赤，近墨者黑。"环境能够影响人的行为，"孟母三迁"的故事正是环境影响人的最好证明。要打造良好的班级卫生环境，增强学生的卫生意识，创设良好的学习环境，首先需要有相关的管理制度作保障。因此，班主任要组织学生制订相关卫生制度，奖惩分明，用制度来约束学生。

第三，掌握学生的心理动态。班主任只有不断探寻学生的内心世界，深入了解学生，才能找到学生不良行为产生的原因，继而有针对性地采取相应的教育手段，矫正学生的不良卫生习惯。

第四，全面加强卫生督查。学生不良行为习惯的矫正是一个长期的、复杂的、反复的过程，教师和家长的即时教育，可能会收到立竿见影的效果，但学生的思想容易松懈，时间一长问题就会反复出现。因此，教师要全面加强卫生督查，采取定期或不定期检查的方式，坚持长期抓、反复抓、及时抓。

　　第五，开展评优评先活动。在班级卫生清洁管理中，可以借鉴学校的管理，采取小组评比的方式，开展评优评先活动。这种评比活动能够激发学生的竞争意识，促进学生之间的互相监督和相互影响，为创建良好班级卫生环境提供保障。

教育，倾听心灵的声音

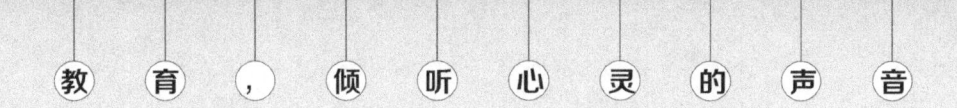

映照成长的一缕阳光

　　沐浴在阳光下的花朵是最灿烂的，生长在大自然中享受自然润泽的花朵是最美丽的。班级是学生成长的摇篮，是呵护"幼苗"成长的基地。教师要给学生一缕阳光，让学生灿烂起来。

对学生主持班会的两点建议

班会是学校教育活动的重要组成部分，是班级管理中必不可缺的一个环节，是教会学生如何为人处世以及帮助学生树立正确人生观、价值观的重要阵地。班会的形式多种多样，总的来说有班级例会和主题班会两大类型。虽然当下中小学举行班会已成定例，但真正能体现学生自主管理的班会少之又少。纵观当前的班会课，大部分仍只是班主任的"一言堂"，难以体现出学生的主体地位。在提倡素质教育的今天，让学生自己组织召开班会，是培养学生自主管理能力的一种重要方式，也是培养学生团队合作能力的有效途径。

我认为，教师指导学生主持班会时，要经历实践前指导→实践中引导→学生自主管理这样的过程。在学生主持班会的基础上，笔者做了一些尝试，下面是笔者关于引导学生主持班会时的一些建议。

1. 学生主持班会要符合"六性"

（1）对比性

有对比才能有所促进。因此，在指导学生主持班会的过程中，要突出对比性。

①过去与今天对比。应着重于表扬进步的学生，以对比促使学生改正缺点，发扬优点。如有的同学总是迟到，喜欢给同学起绰号，经常缺交作业，上课开小差等。班会时，可针对他即使是细微的进步给予表扬，提醒并鼓励他注意自己的言行举止。

②男女对比或小组对比，建立同学之间良好的竞争关系。竞争关系的存在，会促使学生互相传递信息，互相提醒。在竞争双方的潜意识里，会十分注意避免出现违规违纪现象，并会极力争取有好的表现，以让自己所

在的团体得到表扬。

（2）针对性

针对性，即针对特定行为进行特殊处理。但需要明确的是，这种针对性并非是针对某位同学，而是针对某种现象，对事不对人。只有对事不对人，才能避免对学生造成正面的直接打击，才能既维护了学生的自尊心，又给学生敲响了警钟，才能促使其"有则改之，无则加勉"。

有些成绩好的学生自视过高，与同学关系不好；有些成绩中等的学生，容易满足于现状，无上进心，对班级事务抱着"事不关己，高高挂起"的态度；有些学困生对班级事务积极主动，但厌学情绪较严重。这些是班级里的常见现象，针对这种情况，可以开展相应的主题班会，组织学生展开讨论，让学生清楚：一个全面发展、勇于改正自身缺点的学生才是真正的好学生。

（3）合理性

合理性，是指教师在班会课上要做到公平、公正、公开。"公道自在人心"，教师偏心会使学生对班会的公正性产生怀疑，而不信任将导致学生对班会的不重视。要树立学生班会的权威性，公平、公正、公开是重要的原则。另外，还要遵循以理服人的原则，教师如果包庇、纵容学生，结果将适得其反。只有坚持合理性，才能使班会达成预期目标。所以，必须要准确地掌握班级内部的各种信息，为合理地处理班务打下基础。

（4）条理性

条理性，就是按一定的顺序陈述和处理事情。保证条理性，才能更好地组织班会，如果各项议程杂乱无章，会导致事倍而功半。每次在开班会前，班会负责人都应有条理地进行策划：首先，在班会的前一天，积极地收集素材；其次，集中归纳、整理素材，并讨论班会内容的陈述顺序，以及详略分配；最后，形成书面材料。总之，整个过程要力求做到主次分明，有条不紊。

（5）细腻性

无论做什么事，都不能因小失大，更不可因事小而弃之不顾。班级生活也是如此，小事往往会成为大事演变过程中的一个关键环节，忽略了小事，很可能就错过了一个重要的教育机会。教师要提防小事造成的不良后果，要防微杜渐。例如：有些学生有浪费的坏习惯，经常把吃了一半的面包丢进垃圾桶。就这件小事情，教师可引导主持班会的负责人开展以"节约"为主题的活动，杜绝此类现象的发生。

（6）艺术性

中小学生的心理承受能力较弱，一味的批评、责备会造成学生心理压力过大，甚至导致被批评者出现反抗情绪。班会组织者讲话时应注重艺术性，不能伤害学生的自尊心。同一件事，换种说法，效果可能会有天壤之别。

2. 指导学生主持班会的策略

（1）引导学生制订完善的制度

无论采取哪种模式，班会要想顺利进行，都必须有班规和制度的辅助，所以一定要制订完善的班规。班规的制订者和执行者必须包括全体学生，因为只有全体学生共同参与，他们才能更好地进行自主管理。

（2）增强学生的责任感

要让学生主动参与班级管理，调动他们的管理热情，培养他们的管理责任心。如可以空置班长一职，让学生轮流（两人一组）担当，每一组时限为一星期，负责处理本周突发情况并主持本周班会，以此来提高他们的自我约束力，增加其责任感。

（3）营造互相监督的氛围

可将全班学生分成若干学习小组（4~8人一组），组与组之间相互监督，形成良性竞争氛围。每一周，各组必须把要反映的问题整理成书面材料，在班会前一天递交班会主持成员。

（4）及时开展总结与表彰活动

总结与表彰是一个必不可少的教育环节。总结是为了发现问题，利于提高。表彰能形成优劣的对比，有利于竞争环境的形成。表彰的形式多种多样，在此不一一列举。

（5）给予学生适当的帮助

由学生主持班会，更有利于班主任发现班级存在的一些问题，及时进行处理，同时也可以把管理的主动权交还给学生，达到由学生自主管理的目的。但是，中学生毕竟年龄小，心理不够成熟，应变能力也不足，所以教师要经常给予指导和帮助。

让"花朵"在自然中悄然绽放
——独生子女教育现状调查分析及对策

随着科技的发展，脱离了自然环境的花朵也仍然能在人工温室里开放，但却少了那份经历风霜后的灿烂。离开温室，那些花朵也会快速凋零。身为教育者，经常会觉得，独生子女犹如温室里的花朵，他们大多不曾经历挫折，面对逆境时往往软弱无力。例如，新闻报道中的那些离家出走或有自杀行为的未成年人，绝大部分都是独生子女。这在一定程度上可以说明，对独生子女的教育已走进了迷宫，亟需正确教育理念的引领。

1. 调查结论

笔者深入 100 个独生子女家庭调查后发现，70% 的独生子女家长从不让孩子做家务，这些孩子缺乏自理能力。20% 的独生子女曾经做过家务，尝试过独立解决问题，但家长对其过分宠爱也导致了他们的依赖心理过重。只有 10% 的独生子女家长注重培养孩子独立自主的能力，这些家庭的孩子的自理能力较强，性格随和、有个性。

2. 归因分析

独生子女心理和行为的形成与家庭和社会有着密切的联系。在社会方面，正如日本的教育学家所说："社会生活的富足，对人们的精神方面还带来了'逆境教育的作用'（即自我克制能力、忍耐力、责任感等）的减少。"这句话深刻地反映了，在现实生活中，人们生活质量虽然大大提高了，但对于教育者来说，对独生子女教育的难度也增加了不少。

反观家庭方面，一些家长错误地认为"学习、学习、再学习"是孩子成长经历中的全部，思想上的偏差使他们忽视了对孩子的全面教育：当学校或老师要求学生参加必要的劳动时，他们会尽家长的'责任'——代劳；孩子没被选为班干部时，家长会向老师求情；当孩子想做一些自己力所能及的事时，他们总会说——这些事你做不了，去学习吧！这样的家庭教育方式培养出来的即使是学优生，也是得不偿失的。要塑造新一代的国家栋梁，不开展挫折教育以锻炼其心理素质是无法实现的。

3. 建议措施

以下是笔者从教育者的角度出发，针对独生子女教育问题提出的两点建议。

（1）校内引导

①榜样教育

托尔斯泰曾说："全部的教育，或者说千分之九百九十九的教育都归结在榜样上……"这句话充分地阐释了榜样教育的重要性。

一般来说，独生子女娇气、蛮横、耐挫力较低。针对独生子女的这个特点，可以进行相应的榜样教育，引导他们树立正确的行为观念。

②实践体会

要将对独生子女的教育效果落到实处，适时适量地开展实践教育活动是必不可少的。笔者在教育工作中采用了"劳动承包制"，即根据独生子女的特点进行分工，让他们在学习之余做一些力所能及的事，如管理班级的花盆、按时清洁讲台和黑板、管理图书角等。此举可以让他们体悟到劳动的意义。

③挫折教育

要想使独生子女具备良好的心理素质，培养其冷静、大胆面对挫折的勇气，必先"劳"其筋骨，"苦"其心志，所以笔者建议在教育教学活动中，有目的地开展一些有针对性的挫折教育。

有经历才有经验，而经验会让一个人在处理问题时多一份从容。很多独生子女在家长的庇护下，极少经历"风雨"，即使是遇到一点小问题，往往也显得无所适从、束手无策。所以，要有目的地开展一些活动，营造相应的挫折情境，让他们在活动中得到历练。

（2）校外指导

"家庭者，人生最初之学校也。"教师可通过家访、开家长会等形式与家长交流、沟通，如果发现家长对孩子的教育不得法，应根据孩子的身心发展特点提供一些教育经验，或者介绍一些典型的例子。

①言传身教

家长是孩子的第一任启蒙老师，在孩子心中起着无可替代的榜样作用。所以，家长要言传身教，使孩子受到良好的思想熏陶，反之会给孩子带来不良影响。

②尊重孩子

尊重孩子是教育取得成功的前提，尊重他们的选择也是培养他们兴趣的一种途径。孩子有自己的思想，家长应该给予他们自由选择的权利，但也不能一味顺从，而要加以适当的引导。

③帮助孩子树立信心

在没有他人帮助的情况下，独生子女可能会缺乏自信，不能独立解决问题。因此，在家庭教育中要注意树立孩子的信心。

④培养孩子良好的习惯

生活条件的普遍提高以及家长的"关爱"，是导致形成现在很多独生子女好逸恶劳、任性、自私与自理能力差等不良习性的重要原因，所以家长应该引导孩子形成良好的生活观、劳动观，让他们做一些力所能及的家务。

⑤多关注，善引导

要及时关注孩子，一旦孩子出现问题，要采取合适的教育方法。当孩子产生消极情绪时，家长要耐心分析问题出现的原因，想方设法引导孩子解决问题；当孩子遇到挫折时，不要讥讽，而要鼓励他们战胜困难；孩子做错事了，应教育他敢于承认、勇于改正。

4. 笔者寄言

沐浴在阳光下的花朵是最灿烂的；生长在大自然中，享受自然滋润的花朵是最美的。作为教师，笔者衷心地希望年轻一代能健康成长，也希望在独生子女的教育方面，家庭、学校、社会能做到携手合作，塑造出充满蓬勃生机的新一代。教育，应让学生接受"自然"的洗礼，让他们在"自然"中成就精彩的人生！

尊重与合作——和谐团体氛围创建活动方案

创建和谐的团体氛围,是团体和谐发展的必然要求。尊重是和谐共处的前提,合作是和谐班集体形成的核心。只有互相尊重,才能构建团结奋进的班集体。小学生对于团队合作方面的诸如相互尊重、配合等的心理认知还处于萌芽阶段,在学习生活中,他们普遍存在一些不尊重他人的言行。这些不良言行的存在,直接影响了少年儿童良好个性素质的形成和发展。因此,培养少年儿童良好的行为习惯和团队合作能力势在必行。

经过长时间的尝试与实践总结,笔者精心设计了和谐团体氛围营造的活动方案,力求通过一系列的活动让学生明白,尊重是一种美德,让他们认识到相互尊重的必要性,从而在班级内成功创建良好的团体氛围。

第一步:活动准备。

确定小品角色,并进行对小品《冲突》《握手》的排练;黑板上写"尊重+合作=和谐"几个大字;制作多媒体课件;确定游戏项目。

第二步:活动形式。

小品表演;游戏;课件展示;往事点击;讨论交流。

第三步:活动实施内容、步骤。

1. 准备阶段

(1) 讨论、确定活动主题。

(2) 搜集活动素材。

(3) 做好活动前其他准备工作。

2. 实施阶段

(1) 谈尊重

师:人与人之间,就像高山与高山一样,你对着对方心灵的大山呼唤——我尊重你,那么对方也会回应你——我尊重你;你喊——我理解你,对方的回音便是——我理解你;你若喊——我恨你,对方的回音不可能是我爱你。所以,自己的行为就像一面镜子,要想得到别人的尊重,就要首先懂得尊重别人。

①小品表演1:《冲突》

师(旁白):小强是一个调皮的孩子,经常给别人起绰号。很多同学都被他冠以"美称":胖的叫"肥猪",瘦的叫"竹竿",成绩不好的叫"傻子"……

生(表演):啦啦啦,啦啦啦……小强唱着歌曲欢快地走进教室,这时小新刚好准备回座位(旁白:小新在一次交通事故中脚受伤了,必须拄着拐杖行走)。小强看见小新一瘸一拐,便挡住了他的去路,讽刺道:"跛子,好狗不挡路,滚开,让老爷先过去,不然……"小新忍无可忍,一气之下举起拐杖挥过去,小强顿时摔倒在地上,额头磕在墙角上,流血不止。

师(旁白):小强因此患了轻微脑震荡,药费花了约2000元。后来经过老师的调解,双方家长和平地解决了此事。

②小品表演2:《握手》

师(旁白):小陈是一个残疾人,经常受到同伴们的嘲笑。在他心里,没有人会愿意和他做朋友——他认为自己是一个不完整的人。他觉得很孤独。

生(表演):小陈吃力地爬着楼梯,路过的同学们都看着他,没有人伸出手帮他一把,有的甚至还取笑他——只有一条腿的怪物(旁白:小陈眼眶红了,但他极力忍耐着,没有让眼泪流下来)。这时,有一只手挽住了他的胳膊,小陈愣了一下,呆呆地看着这个好心人——是新同桌小高。小陈试图挣脱小高的手,因为他在学校里几乎没有得到过其他同学的帮助,不相信有谁会帮助他。谁知小高轻轻地说:"小陈,我们是朋友,把手递给我,好吗?"听到这句话,小陈的眼泪夺眶而出。他们的手紧紧地握在了一起。

生(自由讨论):小强为什么挨打?小新为什么打人?他们谁对谁错?错在哪儿?小陈被别人嘲笑的时候没流眼泪,为什么小高握住他的手时却流泪了呢？看了以上两个小品，你有什么启发？如果是你，你会怎样做呢？

③录像展示

一位小朋友在家中经常扮演孔融，家人都非常高兴。在他拿了小梨以后，爷爷奶奶、爸爸妈妈都夸他，当然，结果还是他吃了最大的梨。到了幼儿园，老师说谁想做孔融，这位小朋友举起了手。老师表扬了他，给了他一个最小的梨，大的都给了别的小朋友。结果，这位小朋友却哭了。

生（自由讨论）：那位小朋友为什么会哭呢？这件事和孔融让梨有什么区别？你遇到过类似的情况吗？

师：同学们，看了上面的一幕，你有什么启发？你是否懂得尊重别人呢？你得到过别人的尊重吗？请打开记忆的闸门，述说——"我"的故事。

（学生们回忆往事，表达自己的观点，并讨论如何才能获得他人的尊重）

（2）讲合作

师：一个班级就是一个团体，而团体是由个体成员组成的。团体的和谐发展离不开每个成员的参与和努力。只有所有的个体团结在一起，团体的力量才能是无穷的。

①设情境，谈合作

道具：瓶子（小窗户）、绳子上系着小石头（学生）。

情境：一间小房子失火了，只有一扇窗户能逃生（每次只能进出一个人）。屋里现在有4个人，逃生时间为15秒。4个人一组，每人手里拿着系着小石头的绳子。在15秒内4个人分别把绳子从瓶子中拿出的算逃生成功。

讨论：怎样做才能成功？成功的条件是什么？失败的原因是什么？你有什么感受？

（活动目的：通过做游戏，让学生亲身体会、感悟团队合作的重要性）

②多媒体展示

军民齐心抗洪灾（视频）：1998年夏天，百年罕见的洪水一夜之间把许多人的家园变成了汪洋大海……解放军和各地群众共同抗灾，就在那滔滔的洪水中手拉手、肩并肩，任凭风雨狂泻、雷电交加，他们用血肉之躯书写了团结抗洪的伟大篇章。在军民的努力抗争下，肆虐的洪水猛兽终于被征服了！

生（讨论）：在灾难面前，人们靠什么战胜困难？如果人们不团结合作，会产生什么后果？这段视频给了你什么启发？

师：天灾无情人有情。抗洪英雄们用他们的血和汗，用他们的生命为我们述说了团结合作的重要性。人与人之间只有团结，才能谱写出和谐之音，才能奏响和谐之歌。这个学期，我们班级的中队获得了"先进中队"的荣誉称号，我们靠的是什么呢？现在，让我们一起回顾我们团队的故事……

③播放歌曲《团结就是力量》

3. 总结阶段

（1）教师总结

师：同学们，我们都有一个大家庭，那就是中华人民共和国；我们都有一个小家庭，那里有自己的亲人；我们还有一个共同的家——我们的学校、我们的班级。这里有我们的兄弟姐妹，我们在这里共同生活、共同接受教育、共同成长。我们的家，需要大家共同去维护；我们的兄弟姐妹，需要大家去关心、爱护，让我们团结一致，继续来装点我们的家，用"心"去建设和谐之家吧！

（2）活动升华

开展团体心理活动的目的是要消除学生的不良言行。学生良好的心理素质和合乎礼仪规范的行为并非一朝一夕可以形成的。很多学生往往听着激动、看着感动、心里想动，却不见行动。所以，团体心理活动的开展应有一个课后延伸，进行课后行为训练，从而升华学生的思想，优化学生的行为。例如：

①摘录有关尊重的名人名言或有关团结合作的名人故事。

②每人每天做一件尊重他人或团结合作的事情。

③进行"行为美、思想美"小卫士的评比。

④举行和谐团体征文比赛。

师者如镜——尊人者，人尊之

案例一：

学生小杨思维敏捷，做事干练，全班50多名学生无不佩服，她在班上乃至全校都是星光闪耀的"名人"。由于具有超强的组织能力，小杨颇得班主任的偏爱，其他班主任对此也很是羡慕。

不过小杨"出事"了！有一次下课铃已经响了，正在讲题的班主任兼语文老师没有征求学生的意见，打算把习题讲完再下课。谁知小杨竟突然站起来，大声说："你不配当老师。"班主任愕然，他万万没有想到居然有学生敢这样指责他，而指责他的竟然是自己平时最喜欢的学生。班主任有些失望与尴尬——不求回报的付出换来的竟然是学生的埋怨与侮辱，想到这儿，他也骤然大声回应："你说什么？再说一遍。"小杨异常激动地说："你经常不按时下课，完全不考虑我们的感受，不尊重我们，我们也是人。你不配当老师。"小杨此话一出，教室里显得格外安静。班主任此时感觉无地自容，气得脸都青了："你知道我这样做是为了谁吗？还不是为了你们，为了让你们能多学一些。我三番五次修改教案，绞尽脑汁设计习题，苦口婆心地给你们讲解，希望挤出更多的时间让你们多学一些，难道我每天奔波忙碌是为我自己吗？都是为了你们！我期望你们有一个美好的明天，但我盼来了什么？你太令我失望了。好学生除了有优异的成绩外，更应该有修养……"班主任很失落，又讲了几句话，就草草收场离开了教室。

这件事在老师们中间炸开了锅："真没想到，如此优秀的孩子居然这么没礼貌！""学习成绩优异，又长期深得老师的偏爱和同学们的拥戴，难免会产生高高在上的优越感，养成唯我独尊的个性。""她真是太令人失

映照成长的一缕阳光

望了!"

通过这件事,我们应该想一想,小杨为什么会情绪失控并出言不逊?在学生对教师言语冲撞的背后,有什么隐性原因吗?姑且不论小杨的言语是否合理、班主任的处理是否妥当,笔者认为小杨的言语侧面反映的是一种压抑已久的情绪。换句话说,小杨的情绪失控引发的过激言语源于教师的"怠慢"。有几位著名特级教师写过类似的文章,他们都谈到同一个话题,阐述了一个相似的观点——不宜拖堂。其中一位老师甚至说:"做优秀教师,我有绝招,其中第一招就是'不拖堂'。"笔者深以为然。现代教育呼吁向40分钟要质量,教师何不就在这40分钟里面做文章。当然,如果想在40分钟里见成果,功夫还在那40分钟之外。

视点:师之道深,弟子必尊

我看过这样一个案例——无论讲授什么内容,某教师往往能在下课铃响时巧妙收场,学生们正兴趣盎然,但欲听后事,却往往要等下一课。该教师从不拖堂,反而让学生感觉意犹未尽,纷纷要求延长授课时间。看罢这个案例,就知道该教师有其过人之处。可见,"师之道深,弟子必尊"。

对于如何合理处理此类情况,笔者有以下想法:如果课堂40分钟内并没有完成既定的教学目标,可以先缓一缓,让学生歇一歇,或用比一比的方式鼓励学生快速思考;授课完毕后,即使有意让学生加以巩固,也不要强制"剥削"学生的10分钟,这时可以用其他方法代替,比如让学生通过题型自练。

笔者认为,学生的情绪就像一面镜子,能反映教师对教学过程和学生心理的把握程度。教学一定要用心,因为只有用心,懂得尊重学生、敢于反躬自省,这面镜子才能牢牢握在教师的手中。

案例二:

有一天,我不小心感冒了,咳嗽得厉害,精神也不大好,浑身疲惫之力。上课时,我不停地咳嗽。下课后,我匆忙去校医务室打点滴。

下午,我到班里巡视时,孩子们一下子围了上来,七嘴八舌地询问我的病情,几个孩子还从书包里拿出止咳糖浆、感冒药。我的眼眶湿润了,竟有些说不出话来:"你们……""老师您不停地咳嗽,看起来无精打采,肯定感冒了。""爸爸妈妈说了，这些药能治感冒、咳嗽。""老师您现在吃了吧，吃了就好了。"还没等我反应过来，一个孩子又拿出一瓶矿泉水，塞到了我的手里。泪水在我眼眶里打转，这时的我很想对学生说："你们的好意老师心领了，老师已经吃过药了，感觉好多了。"但看着孩子们天真的眼神，我欲言又止。"老师都快哭了！""平时我们生病时，您不也是这样对我们的吗？这是我们应该做的！"

此时，孩子的一言一行都让我感到幸福和温暖，孩子的那句"您不也是这样对我们的吗？"深深震撼了我。是呀！教师是学生的榜样，是学生模仿的对象，教师的言行举止对学生而言，就好像一面镜子。

视点：种瓜得瓜，种豆得豆

俗话说："种瓜得瓜，种豆得豆。"作为教师，播种了爱，就会收获爱的果实；播种了诚实，就会收获道德的果实；若播种冷漠，就只能收获自私、虚伪的果实。

一位已经做了老师的我的学生对我说："老师，您还记得吗？有一次我迟到了，您并没有惩罚我，还送给我一个闹钟，这给了我很大震动，从此以后我再也没迟到过。现在，我一直以您为镜，当学生犯错误时，我总会想起您那次的教育，是您让我学会了包容、理解学生。"

诚然，教师承担着教育的重任，肩负着塑造、培养下一代的神圣使命，这难道不也是在书写历史吗？若干年后，当学生长大了，他们走怎样的路，书写怎样的历史，难道会没有教师的影响吗？

"以铜为镜，可以正衣冠；以史为镜，可以知兴替；以人为镜，可以明得失。"教师又何尝不是一面镜子。

破"网"，从"心"开始——戒除青少年网瘾急不得

案例一：

辛辛是一个乖巧的孩子，在学校各方面表现都不错，在家里也很听话。但有一段时间，我发现他脸色蜡黄，总是神情恍惚，上课还经常打瞌睡。我向他了解情况，他却支支吾吾。我以为他的家里出了什么事情，便马上和他的父母联系，得知他的家庭状况并没有问题。不过辛辛的父母也发现孩子最近不大对劲，比平常大约晚40分钟才回家，理由是"老师安排的作业多"或"老师请他帮忙做事"。我们约好不动声色，暗中观察。后来，经过多方了解和其父母的访查，竟发现他放学后不是直接回家，而是到网吧玩儿游戏。

案例二：

强强的妈妈到学校反映强强最近经常去网吧，虽然她打过、骂过、哀求过孩子，但强强仍然我行我素，丝毫不见改观。最近更是离谱，竟连续两天在网吧通宵玩游戏。强强的妈妈想拉他回家，谁知他居然和妈妈动起了手。无奈之下，强强的妈妈只好向老师反映，请求帮助。

案例三：

子其是一个调皮的孩子，总是迟到。最近一段时间里，他不但迟到、旷课，还经常夜不归宿。更为严重的是他还勒索同学，甚至偷窃。经过走访了解，我们得知原来子其迷上了网络游戏。老师和家人和他谈心，他发誓以后不再到网吧了。然而不到一天工夫，就又会在网吧看见他的身影。他对父母说："我已经没有办法离开网络游戏了，无论睡觉还是上课，满脑子都是网络游戏。要是你们逼我，倒不如让我去死。"听了这些话，他的父母欲哭无泪。

案例四：

最近班里的一些孩子迷上了网络游戏，上课时不集中注意力，下课时聚在一起聊网络游戏。小杰是这帮孩子当中玩网络游戏最厉害的，各方面表现都不好的他居然凭借网络游戏树立起"英雄"形象，一天到晚一帮同学围着他转。更可气的是现在越来越多的学生加入了他的队伍，甚至有一些班干部也跟着他去玩游戏。如此下去，班风一定会变坏的。

案例五：

一女学生投诉，有一男生多次在放学后拍打她的屁股，还在后面拉她的裙子。班主任及时与该男生沟通，他说出了原因：有一次上网的时候他看到了一些不雅画面，那些不雅画面常常在脑海里浮现。该生还表示，他知道那样不好，但就是无法控制自己。班主任与家长沟通之后，发现该生家里有电脑，而且孩子可以随便上网，显然他的家长并没有意识到孩子已经"涉足雷区"，并且已经造成了不良后果。

孩子为何又逃学了？最近有几天为何夜不归宿？孩子为何屡教不改？很多时候，这都是网络惹的祸。网络世界对于孩子来说精彩纷呈，就好像一个从没走出过小山村的人来到了繁华的大都市，很容易就会被迷惑，继而沉湎于其中。网络游戏很容易让人痴迷甚至中毒。从以上案例中学生的种种行为可以看出，沉迷于网络对学生影响是非常大的。更何况，网络中除了游戏还有很多不良信息，比如色情网站等。如果学生接触多了，将会对他们的身心健康造成极大的伤害。若不及时对学生的不良网络行为加以控制，不及早进行网络行为疏导，引领学生"破网而出"，后果将不堪设想。引导学生理性上网迫在眉睫，然而，戒除青少年网瘾不能急于求成，应循序渐进，力争家庭、学校和社会三方面合作。那么，如何让学生脱离不良网络的束缚，理性地看待网络、合理地使用网络呢？笔者认为应从"心"开始。

1. 要引导学生对网络产生正确的心理认知

随着科技的发展，网络成为学生获取信息的一个重要途径。但是，由于学生对网络有极强的好奇心，一旦接触便容易沉迷其中。如果缺少适当的引导，学生会受到不良网络信息的负面影响，因此，要引导学生对网络产生正确的心理认知。首先，正面宣传网络的优势。教师可以通过开专题讲座、开主题班会课或办板报等形式，向学生宣传、讲解有关计算机和网络的知识，让学生了解网络对学生学习方面的作用，引导学生合理利用网络。其次，负面宣传网络的"劣"性。宣传过程中，向学生呈现网络的劣性，可通过举例子、讲法律等形式让学生了解不良网络行为造成的负面影响。第三，加强网络知识宣传，让学生对网络产生正确的心理认知，能较大限度地避免学生做出"无知的网络行为"。

2. 要适当满足学生对网络的心理需求

网络对学生的影响是很大的，且极具吸引力。学生较容易接受新鲜事物，仅仅进行网络"优""劣"宣传并不能解决所有问题，还必须适当满足学生对网络的心理需求。因为时代在发展，高科技产品逐步走向社会、走向家庭，为经济和社会发展服务，这是大势所趋，完全不让学生接触网络是不明智的，也不符合时代发展和教育发展的要求。那么，如何才能做到适当满足学生对网络的心理需求呢？

（1）学校建立校园网，配置电脑室，开设信息课，配备专职教师，让学生上网有一个健康的环境。

（2）传授给学生一些计算机技能和网络知识，帮助学生树立正确的兴趣点。如指导学生申请博客、建立个人网页等。

（3）优化校园网络形式，让学生"学""乐"结合。学校可以建立专门的网站，在网站中设置一些娱乐性与知识性相结合的链接，如在校园网中另设立益智、知识、娱乐相结合的学生游戏频道等。此举可以有效提高学生的网络免疫力。

3. 要结合校园网络，进行"心灵点击"

在教育教学过程中，要注意适当地把校园网络和学习结合起来，使学生对校园网络平台产生亲切感，肯于接触、乐于交流，从而达到"心灵点击"的效果。为此，可开展校园网络优秀网友评比，进行校园网络相关知识竞赛，甚至可以让学生在教师的指导下自主经营校园网。

4. 优化上网环境，呼唤"心灵回归"

常言道："常在河边走，哪有不湿鞋。"如果学生长时间沉迷于网络，就难免身陷"黄色警报区"。如何让学生不再流连黑网吧，不受"黄色网络"的毒害呢？笔者认为除了建立校园网外，学校还应与公安、工商等相关部门加强沟通与合作，共同对学校周边环境进行整治，并配合相关部门坚决取缔黑网吧，为学生创建良好的校园周边环境。

5. 形成师长合力，加强心灵互动

戒除青少年网瘾，需要师长合力。在加强对学生教育的同时，教师应重视与家长的沟通与交流，指导家长与孩子间实现有效的心灵互动，帮助家长了解孩子的思想动向，预防并纠正孩子的一些不良网络行为。相信只要多方合力，切实加强师长联系，让学生破"网"而出将不再是难题。

忘掉自己是老师——"目中无人"与"心中有人"

案例一：

全全很有天赋，且记忆力超群，小小年纪就表现出了常人难及之处，到三年级时便获奖无数，是学校的"名人"。但他性子"野"，还是一个傲气的孩子，眼里只有自己，习惯了别人的赞誉，做事随心所欲。任课老师深知"玉不琢，不成器"的道理。四年级时，数学老师为了"惩罚"他，给他出了一道六年级的题目，怎料他三两下工夫就解了出来；语文老师让他与六年级的师兄同台竞技比作文，全全照样一举胜出；班主任为了"收服"他，办法用尽，依旧无可奈何，最后不得不采用软化政策，用"高官厚禄""收买"他，无奈他"无心从政"。

小陈老师刚参加工作不久，是全全五年级的班主任，对全全早有耳闻。奇怪的是，小陈老师自踏进教室的那一刻起，从没正眼看过全全。学校举行的各类竞赛，小陈老师要求本班参加竞赛的人选一律通过"公开测试＋民主票选（测试分数占六成，票选占四成）"的方式竞选产生。虽然全全的测试分数屡次靠前，但由于与其他几个拔尖的学生相差不大，而票选又落后太多，班里的参赛人员都没有全全。全全的父母似乎感觉到了什么，多次和小陈老师沟通，请求小陈老师多让全全锻炼锻炼，但都被小陈老师一一拒绝，理由是：竞争是公平的，学生们在平时的接触当中更清楚谁的能力强。一个多月下来，全全的"星光"变得黯淡了。然而奇怪的是，全全像变了一个人似的，不仅与同学的接触与交流多了，也乐于帮助他人了，傲气也收敛了不少。

在挑选3名学校参加大型"语、数、英"综合竞赛的候选人时，小陈老师继续采用"公开测试＋民主票选"的竞选方式。在测试环节，全全拿到了满分，其他五位同学相差两三分紧随其后。在民主票选环节，全全得了40票，折合16分，加上折合60分的测试分，总分是76分，刚好比第四名多了1分。票选现场，当看到自己终于拿到了"失而复得"的名额时，全全在一片掌声中泪流满面。课后，从不主动找学生的小陈老师找到全全："全全，祝贺你！知道为什么这次你能获选吗？"全全惭愧地低下了头。小陈老师接着说："现在，你已经得到了大家的信任，肩负着大家的期望，希望你好好表现。"说完，轻轻地抱了抱全全。曾经无比傲慢的全全再一次流下了眼泪。果然，全全不负众望，在这次竞赛中勇夺第一。如今，全全依旧是学校的"名人"，教师的"宠儿"，家长的掌上明珠。不同的是，他不再傲气凌人，也得到了同伴们的"拥戴"。

案例二：

近来，我碰上了一些奇怪的事情，以前学生看见我总会热情地和我打招呼，也乐意与我聊天。可这几天，原本热情有礼的学生对我却敬而远之。特别是小杏，看见我总是低下头装作没看见。我百思不得其解，决心把事情弄明白。

中午，我提前到学校，准备找几名学生聊一聊，弄清原委。当我正要进教室的时候，意外听到了学生们的对话，内容是关于我的："拿好友档案给老师填，你也不害臊！老师怎么能是你的好友呢？别做梦了！""你平时成绩不好，老师是不会给你填的。""不自量力，也不想想自己算什么，凭什么老师给你填好友档案呀！""是呀，想跟老师交朋友？没门。也不照照镜子。"小杏在议论声中说了一句："老师会填的，他跟我说是因为工作忙，所以推迟了一下。老师一定会填的！"谁知小杏的话又招来了同学们的一阵哄笑和讥讽。接着，便听见小杏哭了起来。

听了学生们的对话，我呆住了，隐约想起了5天前，小杏把她的好友档案拿给我填写，不过当时我并没有把这件事放在心上，把卡片随意地丢在了抽屉里。我当时想，一个学生让老师填写好友档案是哪门子事呀，所以压根没有打算填写所谓的好友档案。第三天，小杏还问我填了没有，我推说工作忙，填好后再拿给她。面对我的托词，小杏信以为真。之后的几天，小杏再也没有来询问。

现在，听见学生们取笑小杏，我心里充满了自责与内疚。我终于明白了学生对我"冷漠"的原因，不由得不安起来，竟失去了走进教室的勇气，因为我害怕小杏会问起好友档案，害怕面对学生们的目光，害怕看见小杏那失望的眼神和含泪的眼睛，更害怕失去孩子们的信任。我常说要和他们交朋友，教育他们要诚实，而我却欺骗了他们善良的心灵。

我发誓要弥补自己所犯的错误，不能再辜负学生们的期望和信任。我当时就转身跑回办公室，找出那张小卡片疾笔写道：李荣灿，1977年4月出生，血型O型，爱好看书、篮球、写作……填写完毕后，我在卡片上画了一双紧紧握住的手，附道：可爱的小杏，能和你做朋友，我非常高兴……我衷心地希望我们的友谊天长地久，希望你能用优异的表现给我们一起相处的时光镀上耀眼的色彩，希望你永远保存这段美好的回忆——你的朋友李荣灿。

写完后，我又小跑回教室，把卡片郑重其事地交给小杏，对她说："我已经填好了，咱俩永远是好朋友，但你要帮我买一本好友档案回来，我也要你在我的好友档案中留名，好吗？"小杏使劲地点了几下头，眼里明显有了泪花。学生们看到这种情景，都不约而同地鼓起掌来。我感觉心里轻松了许多。

后来，我又接到了一张张好友档案卡片，我再也没有感觉到为难，更没有丝毫犹豫，而是在孩子们的卡片上尽情挥洒着心声。我也让孩子们在我的好友档案中留名，将一粒粒美好的种子留在了孩子们的心田中。

从此以后，我发现我和学生们之间的关系越来越融洽了，他们都喜欢和我聊天，以前调皮的孩子也变得乖巧了，而小杏的成绩也逐步攀升了。

视点："目中无人"与"心中有人"

正视学生，是教育者的责任，是教育者尊重学生和爱学生的表现。但有时，教育就像是在"捉泥鳅"，你越想用力，它越容易逃掉。有时，却只要掌握技巧，轻轻地一捏，它就会被你捉住。教育学生也是这个道理，过于重视学生反而会适得其反，有时"目中无人"可能会收到意想不到的教育效果，前面的案例一就说明了这个道理。笔者欲擒故纵的方法用得恰到好处，颇有成效。

心中有学生，学生是能感受得到的。如果嘴上一套，心中想一套，行动做一套，时间一长，学生肯定会有所察觉。案例二中笔者敷衍学生的行为被察觉后，师生之间的隔阂立刻就形成了，几乎铸成大错。其实，良好师生关系的建立可能仅仅就发生在一些小事上。在与学生交流的过程中，只有用心地揣摩学生的心理，把握住每一个教育细节，才可能与学生建立起深厚的情感。

无论"目中无人"还是"心中有人"，均是教师教育理念的体现，也是一种实施教育活动的方法和手段。只要有爱心与尊重的存在，绝大多数教育方法都会取得良好的教育效果。有这样一句话："教育不是要改变一个人，而是要帮助一个人。"要教育学生，帮助学生，必要时我们应该忘记自己的教师身份，着力打造平等的师生关系，把学生装在心中，用自身的德和才去感染学生、影响学生、教育学生。教师心中有学生，才会被学生接纳，才能受到学生的尊敬和爱戴。

了解——亲近学生的法宝

接手一个新班级时,首要任务是尽快熟悉、了解学生。但如何让学生对教师产生亲近感、信赖感,迅速开展班务工作呢?这就需要讲究策略了。每当接手新班,我都会以最快的速度了解学生,包括学生姓名等基本信息以及学生的爱好、平时表现等,然后按照一定的标准将学生分类、整合相关信息,再与他们进行交流。下文是我与学生交流的两个案例。

案例一:

时间——放学;地点——操场中的草地;人数——12人;他们的共同爱好——体育活动;重点交流对象——小达;交流内容——体育活动;目的——相互熟悉,增加亲近感;交流方式——聊天。

"大家好!听说上届运动会,我们班表现优异,还获得了最佳团体奖,你们的功劳最大,对吧!"

"老师,其实功劳属于我们全班同学,其他同学很卖力地为我们加油助威,要没有他们,我们也缺乏动力呀!"

"哦!小达很懂事,很谦虚,懂得团结就是力量的道理。当时的竞争一定很激烈,你们能给我(尽量不以'老师'的身份)讲讲当时的场面吗?小达,你先说,好吗?"

"好呀!给我印象最深刻的是4×100米接力赛,我是最后一棒,当时我们班是第二个交棒的,与第一棒相差3米左右。我特别紧张,害怕追不上,恨不得多长几条腿,幸亏其他同学在旁边跟着我跑,给我加油,鼓劲,我才迎头赶上,拿了第一。同学们高兴得跑过来把我托起来……"

"那其他同学一定也很紧张吧!"

"是呀,当时我们喊得脸都红了……"

"我们当时都紧张得不得了,我还记得……"

"你们平时最喜欢什么体育运动?"

"我最喜欢篮球。"

"我喜欢羽毛球。"

"我最喜欢乒乓球。"

……

我们聊得很愉快,还约定下星期一的班队活动课举办篮球、羽毛球、乒乓球比赛。

案例二:

时间——放学;地点——教室;人数——15人;他们的共同爱好(特长)——文娱;重点交流对象——小玲和小健;交流内容——班务;目的——进行工作动员;交流方式——商讨。

"同学们,大家好。听说你们都有特长,对吗?"学生们只是在笑,并没有回答我的问题,于是我接着说:"让我猜猜。小玲、小芳、小杏你们几个喜欢跳舞、唱歌,小玲还会弹钢琴;小凤和小健参加过书法比赛,还得过奖,是小书法家;小强、小齐是画画能手……对吧!"

"哇……老师,你怎么知道我们这么多事情呀!"小玲说,"肯定是谁告诉你的吧!"

"老师有千里眼和顺风耳呀。"学生大笑,气氛一下子变得融洽了。"现在国庆节就要到了,班里文艺节目的编排和板报都还没设计好呢?眼看时间越来越近了,我想请学校的舞蹈老师帮我们班编排舞蹈,可是舞蹈老师这段时间太忙。你们有没有什么好主意?"

小玲:"我和小芳都是校舞蹈队的,以前就试过自己编排舞蹈,就让我俩负责编排咱班的舞蹈节目吧!老师您就负责指导、验收!"

小健:"出板报是小事一桩,她们负责编排舞蹈,我们就负责出板报。老师,您就等着验收吧!"

"那我就把大权交给你们了,现在我们来分工负责吧!……"我和学生们热烈地讨论着,丝毫没有陌生的感觉。

班里有51名学生,我在一周内与他们都进行了面对面的交流,效果很好。重要的是,在短短的几天时间里,学生们与我之间的拘束与隔阂都不存在了。

我如约在星期一举行了班队活动,与孩子们打成一片。学生们看见我展示精湛的球技,给了我雷鸣般的掌声;看见有同学在乒乓球上胜我一筹,他们都向那位同学伸出大拇指,表示赞扬;当我和象棋高手小陈对弈时,可爱的孩子们都屏住呼吸,生怕打扰我们;孩子们玩游戏时,都高兴地跑过来告诉我谁是优胜者。我尽情地享受着孩子们的簇拥,享受与他们相处的过程,我陶醉了。看着孩子们兴奋的神情,我知道孩子们从心底接受我了,我不再是新老师了……

负责舞蹈节目编排和设计板报的同学也在忙碌着,他们有好的想法或者遇到难题时,都乐于和我探讨、交流。只用了几天时间,生动别致的板报便呈现在了全班学生的眼前;在不到两个星期的时间里,精彩的舞蹈也在班里隆重试演了。

接下来的时间里,学生们越来越喜欢和我交流,交流的内容很广泛,包括家庭、生活、娱乐、学习策略、班级管理等,我们在不知不觉间成了朋友。相处一个月后,我让学生们写一篇关于新班主任的文章,题目自定。看着学生们那一篇篇动人的文章,我感受到了快乐。有学生居然定题目为"我的新伙伴"。我看在眼里,乐在心头。

视点:师生有效交流的策略

了解学生的最佳途径莫过于与学生进行有效的交流与沟通。上述案例中,教师与学生的有效交流与沟通便是建立在充分了解学生的基础上的。由此可见,了解学生是师生达成有效交流、促进情感互动的良方。当然,这仅是教师与学生之间交流与沟通的"沧海一粟"。结合以上案例,笔者针对学生的心理特点,整理出了几条师生沟通策略。

1. 眉目传"情",打开心灵的窗户

眼睛是心灵的窗户。要达成与学生的有效交流与沟通,眉目传"情"是很好的方式。例如,当学生取得好成绩或遭遇挫折时,投以赞赏或鼓励的目光,学生收到教师传递出的信息,师生间的心灵交流便有了生长的土壤,学生对教师的亲切感便会油然而生。同时,教师还可以借助动作或表情,如温情的抚摸、赞赏的微笑等方式,与学生交流信息。最重要的是眼神的交流，它能进一步拉近师生之间的心灵距离，为顺利的沟通奠定良好的基础。

2. 课余交流，跨越交流鸿沟

课余时间是教师与学生交流的大好时机，教师应充分借助课余时间与学生建立亦师亦友的关系。上述案例中的教师便充分利用了课余时间，营造了一种相对轻松的交流与沟通环境。教师可以从课余交流中获取更多的班级及学生个人信息，并逐步打破师生沟通的障碍，进一步达成有效交流。

3. 借助载体，构建沟通桥梁

有些时候，在某些特定的情况下，面对面的交流可能不仅得不到学生的呼应，反而还会出现尴尬的情况。鉴于此，教师不妨采用电话互访、网上聊天工具等方式，借助一些载体来构建沟通的桥梁。其实，电话互访、网上聊天工具是师生校内沟通的一种延伸和互补，这种交流方式能增进教师对学生的了解，拉近师生之间的距离。

缔造六星级家访——让家访不再负重前行

家访，是不可缺少的一种班级管理手段。家访做得卓有成效，也就意味着班级管理工作有了一个良好的开端。教师家访现状如何？造成这种现状的原因有哪些？有哪些解决办法呢？

1. 教师家访现状

（1）家访即告状

A教师家访，对家长数落学生的种种不是，希望家长加强教育，而家长则红着脸听着，学生则正襟危坐。A教师话音刚落，家长也打开了话匣子，向他诉苦，并不断向他反映孩子在家里如此这般不听话的情况。随后，教师与家长一起"声讨"学生。

（2）家访即演讲

B教师家访，一进门便滔滔不绝：教育孩子应该……孩子需要家长……面对孩子的一些不良现象，家长应该……若家长不重视孩子的家庭教育……C教师到优秀学生的家里家访，家长还没等他坐下，便开始讲述自己是如何教育孩子的：一直以来，我们都严厉要求……只要他出现哪些问题，我们便……整个家访过程变成了教师或家长的演讲会。

（3）家访即访问

D教师家访，就像记者做访问一样：孩子在家一般什么时间睡觉？孩子回到家里第一时间是完成作业吗？孩子在家里做家务吗？教师提问完毕，马上调换角色，家长开始了解孩子在学校的情况。

2. 造成上述现状的原因

（1）教师把家访当作一种任务，只是为了满足学校的要求，这导致家访常常成为走过场，应付了事，有的教师甚至把家访看作负担。

（2）教师错误地认为只要家访次数够了，也就达到了家访的目的，因而一味追求家访次数，而不考虑家访的目的、技巧与功效，事实上，这种家访难以取得实质性的效果。

（3）家长错误地认为教师家访就是告状，如果孩子没有犯错，教师是不会家访的。因此，家长和学生都害怕教师家访。

3. 如何改变这一现状

在有的家长与学生眼里，教师家访几乎成了"犯错误"的代名词。很多家长看到教师来家访，第一句话就是："是不是我的孩子又犯了什么事？"一些家长觉得教师家访就好像记者访问，一问一答的场景让人感到拘谨；一些家长觉得教师家访就是教师演讲，教师滔滔不绝，学生和家长聆听教诲。这样的家访氛围，学生能真心接受吗？这种家访能起多大作用？那么，该如何让家访成为教师、学生、家长的良好互动平台，成为教育活动的一条重要纽带呢？

（1）让学生了解家访的目的：以鼓励为主线，以促进为主题，以交流为策略。

在家访前，要让学生明白教师家访的目的，消除学生怕告状、怕家访的心理。

学生心理：即使教师增加了家访的透明度，让学生知道家访的目的是加深相互间的了解，不会涉及一些敏感话题，但学生仍会抱着将信将疑的态度看待教师家访。

对教师信任值：三星

（2）优化家访形式：常规性家访、鼓励性家访、学生邀请家访

①常规性家访

常规性家访即普访，旨在通过家访拉近师生间的距离，达到"亲其师，信其教"的目的。家访的行程应由学生制订。家访时，应与学生家长加深互信，表现出自己对学生的关心，尽量避免谈及学生的成绩、表现等问题。

学生心理：常规家访时，学生大概知道老师与家长交谈的内容，自然会把老师家访时所谈及的问题与教师、学生事先交流的问题加以对比，看老师是否言行一致。

效果：通过常规家访，能促进教师、学生、家长的联系，加强心灵沟通，拉近心理距离。

禁忌：言行不一。

对教师信任值：四星

②鼓励性家访

鼓励性家访即专访，只针对有进步表现的学生。这类家访应以鼓励为主线，当某学生在一段时间的表现有所改观时，教师可马上进行鼓励性家访。家访前，教师应先把拟好的报喜单（记录了学生的进步情况）通过该生转交其家长，并告知该生家长近期家访的具体时间。

学生心理：在学生获得进步以后，教师马上进行专访，学生会感觉到教师对他们的重视与肯定，从而会十分重视此次家访，这无形中会使学生对教师产生亲近感。

效果：这类家访一般用于之前学习不勤奋、纪律松散但近期有明显改观的学生。教师在日常教育教学过程中应千方百计地挖掘学生身上出现的闪光点，关注学生点滴的进步，进而大力宣传、表扬。这种教育方式对学生的思想触动很大，能极大地增强学生的自信心，消除学生的自卑心理，从而进一步拉近学生与教师的心理距离。

禁忌：夸大事实，不与家长交流进一步的教育方法。

对教师信任值：五星

③学生邀请家访

学生邀请家访有主动和被动两种情况，主动即学生向老师提出家访的要求。被动即教师根据实际情况向学生提出家访建议。这种家访方式针对的一般是遇到了生活困扰的学生，例如，一些家长喜欢打麻将，有时甚至玩到深夜，这对学生的正常休息造成了很大影响；一些学生的身体有不适反应，但没有得到家长的重视与及时治疗；有些家长反对学生担任班干部等。

学生心理：教师深入关心学生各方面的情况，会使学生感受到教师的爱生之情，从而产生亲近教师的心理。

效果：教师与家长的及时交流，不仅能解决学生的一些生活和学习上的困扰，还能为学生营造一个良好的学习氛围，进一步加深学生对教师的认同感。

禁忌：半途而废。

对教师的信任值：六星

（3）家访成果汇报

每一次家访之后，教师都应及时开展家访成果汇报会（最好为一周一次或一月两次），形式包括教师总结（以表扬为主）和学生谈感受两种。

注意事项：应联系家访实际，对学生提出进一步的要求。

借名家说礼仪——礼仪在团体和谐发展中的作用

我国素有"礼仪之邦"的美誉。古人有云:"不学礼,无以立。""人无礼而不生,事无礼而不浅,国无礼则不宁。"自古以来,人们就把礼仪教育看作治国安邦的重要方略,讲文明、倡礼仪是中华民族世代相传的传统美德。关于礼仪,很多名家都有自己的看法,这侧面说明了礼仪在社会和谐发展过程中的重要作用。其实,礼仪不仅在社会层面具有重要的规范和引导意义,在班级管理、学校影响力、教师形象、学生发展的过程中,也同样具有深远的影响。

1. 礼仪的作用

(1) 礼仪,关乎团体和谐

孟德斯鸠曾说:"礼貌使有礼貌的人喜悦,也使那些受人以礼相待的人喜悦。"这句话说明了有礼貌的人和受到礼让的人之间存在着心灵的互动。但在中小学教育活动中,由于学生对尊重与合作的心理认知还处于萌芽阶段,还普遍存在一些不尊重他人的现象,如言语上的侮辱、行为上的伤害等。这些现象的存在,直接影响了学生懂文明、守礼仪习惯的形成和发展。因此,必须教导学生以礼待人。正如孟子所说:"君子以仁存心,以礼存心。仁者爱人,有礼者敬人。爱人者人恒爱之,敬人者人恒敬之。"唯有遵守礼仪、互相尊重,才能促进团体的形成及和谐发展,才能创设良好的班级氛围,才能优化班级管理。

(2) 礼仪,关乎人性修养

是否具有正确的礼仪观念,在人的日常言行中就能体现出来,同时,也可以印证一个人是否有良好的修养。可以说,言行习惯体现的是一个人的人性修养。正如约翰·洛克所说:"礼仪的目的与作用是使本来的顽梗变柔顺，使人们的气质变温和，使他尊重别人，和别人合得来。"要建立良好的人际关系，首先要具备良好的修养。杰斐逊曾说："礼貌是后天造就的好脾性，它弥补了天性之不足，最后演变成一种近似真美德的习惯。"如果一个人不遵守礼仪，那么就可以说他缺乏人性修养，不具备美德。在师与师、师与生、师与家长、生与生之间，礼仪是有效沟通的基础和工具。所以，教师应在平时与学生交往的过程中，促进学生良好习惯的养成，教学生知礼、懂礼、守礼。

（3）礼仪，关乎师德形象

师德形象在社会中是约定俗成的，人们都认为教师应该是守礼之士。的确，教师应该也必须是守礼之士。守礼是教师的职责和义务所在，尤其是在班级管理和教育教学过程中，教师的礼仪形象更为重要，因为教师的言语是否优雅、衣着是否端庄、行为是否庄重是学生衡量教师的重要标尺。教师的言行是否合乎礼仪，都关乎其自身形象。作为教师，能否得到学生的敬重与爱戴，能否与学生建立良好的师生关系，在很大程度上取决于师德形象。

（4）礼仪，关乎学生发展

歌德曾说："举止是映照一个人自身形象的镜子。"有的人不修边幅、言辞粗鲁，也许只是在很小的范围内影响市容和其他人的感观，但如果是教师不懂礼、不守礼，那造成的负面影响将是深远的。这是因为，教师面对的是学生，而学生犹如一张任由教师涂抹的白纸，深受教师言行举止的影响。教师肩负着培养下一代的神圣使命，其言行举止对学生思想行为的形成有着潜移默化的作用，也在很大程度上影响着学生各种习惯的养成。所以，礼仪乃为师第一课，它关乎学生健康心理和言行习惯的形成与发展。

（5）礼仪，关乎学校影响力

玛·沃·蒙塔古曾说："讲礼貌不会失去什么，却能得到一切。"奥维也说："使一个人伟大，并不在于富裕和门第，而在于可贵的行为和高尚的品性。"学校办学质量的高低，并不取决于校园是否富丽堂皇，而取决于学校是否有内涵，全体教职员工是否懂礼、守礼是学校是否具备深厚内涵的重要标志。如果学校的管理者和教职工不懂礼、不守礼，那么社会就会对学校的办学层次和品质产生怀疑。所以说，礼仪关乎学校的影响力，关乎学校的形象和学校的发展。

总而言之，礼仪教育很重要，涉及的层面很广，特别是作为传道之师，更应该懂礼仪、守礼仪、传礼仪。

2. 目前礼仪教育存在的问题

（1）礼仪教育的方式和内容缺乏系统性和统一性，这造成了礼仪教育随意性强、针对性弱的缺陷。

（2）礼仪教育偏重于形式，礼仪认知向礼仪行为转化的渠道不畅通。

（3）礼仪教育的推进缺乏持久性和行之有效的举措。

（4）礼仪教育缺少制度支撑，难以达到最佳效果。

3. 加强礼仪教育的策略

学生是构建社会主义和谐社会的一支重要力量，加强对学生的礼仪教育，对于提高学生的综合素质具有十分重要的作用。

（1）教师以身作则，增强自身礼仪修养

教师的言行举止对学生有直接而深远的影响。合乎礼仪的言行，不仅能够提升教师的外部形象，表现出自身的涵养与气质，还能潜移默化地影响学生，起到言传身教的作用。因此，教师要切实加强自身的礼仪修养，在日常生活和工作中谨言慎行，为学生树立良好的榜样。

（2）家校结合，创设教育平台

礼仪教育，需要家校结合才能取得良好效果。学校应通过学校广播、校报栏等方式宣传礼仪的重要性；利用图书馆、阅览室、校园网以及举办礼仪知识讲座等各种有效途径，让学生了解和掌握礼仪知识。同时，在建设校园文化的过程中，学校应有意识地营造良好的礼仪文化背景和礼仪教育的氛围。另外，学校应与家长多沟通、多交流，并与家长达成共识，为学生的礼仪教育提供一个良好的平台。

（3）重视教学，渗透礼仪教育

教师应充分利用课堂这一主阵地，把礼仪教育渗透到教学的各个科目和环节中。如在体育课中，可引导学生理解"友谊第一，比赛第二"的比赛精神，让学生知道文明礼貌的重要性。又如，在语文课中，教师可根据文章内容，放大课文中人物的礼仪形象，充分挖掘教材本身的礼仪教育因素，将礼仪教育有机地渗透到学科教学过程中。

（4）常抓不懈，建立长效机制

礼仪修养的养成非一日之功，因此，要注意学生不良言行习惯的反复出现。对此，教师应逐步建立长效机制，制订奖惩制度等进行反复抓、抓反复，扎扎实实，常抓不懈。

教育，倾听心灵的声音

感悟教育的细枝末节

教育无小事，事事都育人。马卡连柯说过："教育工作中没有小事，最好的教育工作是不可忽略细节与小事的。"细节决定成败，关注细节，往往能带来大的收获。教师对每一个教育细节的关注和感悟都会影响教育效果。

教育，需要欺骗吗

《狼来了》是我们教育学生做人要诚实时的典型故事。然而，你是否进行过反思？你是否欺骗过学生？站在教师的角度重读这个故事，思考"诚实"这一话题，我们可以读出另一番滋味。

1. 现象调查

案例1：

"老师知道事情是谁干的，我有这些人的名单。现在，我给这些人坦白的机会。"犯错的学生虽然主动认了错，但还是遭遇到了狂风暴雨般的批评，他们对自己认错这件事追悔莫及。

案例2：

在讲解《珍珠鸟》这篇课文时，学生对"珍珠鸟居然落到主人的肩上"这句话提出了质疑。为了让学生相信课文所表述的"人与动物的情意"，老师用充满陶醉的神情说："我小时候也养过鸟，它跟我的感情就很好，经常在我的肩膀和手心上玩儿耍，甚至睡觉的时候也靠在我的肩膀上……"学生们啧啧称奇。这位老师和同事聊起这件事时，总是开怀大笑，对自己的教学机智感到十分满意。

笔者以上述例子为线索，在60位一线教师中进行了一项调查。调查结果显示，60位接受调查的教师中有42位曾有类似案例1中老师的经历，18位曾有类似案例2中老师的经历。这说明这60位教师都或多或少欺骗过学生。下面节选几个片段。

陈老师："板书时，我写错了字。学生指出错误后，我连忙说：'这位同学真细心。这个字是我故意写错的，想考考大家。'"

张老师："接手新班，第一次点名时某学生名字中的一个字念不准，于是我便有意漏掉这个学生，没点他的名便开始讲班级制度。该学生提醒我后，我故作惊讶状，让学生说明，略施小计便轻易过关。"

欧阳老师（班主任）："晚自修，我允许学生向我请教难题。一学生来问我英语题，我不懂，便问他语文作业做完了没有，要求他先完成语文作业再做英语作业，然后又布置了一篇作文让他写，以确保他在自修课上没时间再问我那道英语题。"

赵老师："为了保证师生的平等关系，我发布了'老师犯错与学生同罪宣言'。一天早上我迟到了，面对全班同学，我撒了一个谎：'刚才某某老师说我们班的卫生没打扫好。为了不让咱班丢脸，我和他一起到咱班的清洁区去查看。我迟到了，请同学们按规定惩罚。'学生们听了我的话，都说不需要罚。"

伍老师："学生强烈要求我也背一下课文，我心里一惊后灵机一动：'没问题，老师背完后马上点名背。现在给你们10分钟的复习时间。'学生们听了，赶紧埋头复习，我也趁机背了最简单的第一段。10分钟过后，我轻松地背出了第一段，然后又动员学生们跟我一起背后面较难的几段……"

此外，笔者还在10名学生以及20位行外人士（学生家长、个体户、企事业单位的工作人员）和上述60位教师中进行了另一项调查。调查结果显示，60位教师与3名学生都曾经有过被老师欺骗的经历，其中有7名学生表示没印象；20位行外人士中有12位清晰地记得儿时被老师欺骗的经过。5位行外人士在笔者进行调查时才突然明白当时受到了老师的欺骗，3位行外人士表示没有印象。下面节选几个片段。

史老师："小时候，老师告诉我们'人定胜天'。当时我就问：'人能战胜太阳吗？'老师坚定地回答：'能，只要坚持不懈，有毅力，人定胜天。'为了展现自己的毅力，为了战胜太阳，我在热辣辣的太阳下站了几个小时，要不是家人看见了把我拉回去，非出大问题不可。"

小江："我与几个好伙伴逃课去网吧上网，我怕老师发现了会见家长，便提前回教室了。老师已经猜到我们几个人一定是去网吧了，便让我说出那几个人在哪儿，但我始终没有松口。后来，我被老师'只要主动承认就不惩罚你们'的话欺骗了。最终我和伙伴们一起抄了10遍《小学生守则》，在班内还被点名批评。几个伙伴都说我是叛徒。"

梁先生："我上初中的时候，有一次问老师一道题，他想了一会儿，没告诉我怎么解答，而是批评我没有动脑筋，还让我深入思考后再来问他。过了一会我路过办公室的时候，发现老师正在焦急地翻教案。不一会儿，老师便主动来帮我解答难题了。现在回想起来，结合当时老师的神态动作，我才明白自己被'忽悠'了。"

叶老师："五年级时，我的作文写得很糟糕。但是有一次，虽然我的作文一如既往地差，但出乎意料的是，李老师在全班同学面前表扬我有写作天分，文章写得有条理，例子丰富，只需做简单的修改后就可以在班刊上发表。经多次修改后，我在班刊上发表了第一篇文章。有了李老师的鼓励，我的写作热情高涨，水平也不断见长。成为人民教师之后，我现在经常在教育教学专业刊物上发表文章。是李老师的一句谎言，改变了我的一生。"

2. 心理分析

黄老师："虽然小学生的思想尚不成熟，经常有很多令人啼笑皆非的问题，但小学生容易哄，只要稍微动动脑筋就能把他们哄得服服帖帖。"

曾老师："教师在学生心里的形象是无所不知、无所不能的，有时为了维护自己的面子，用一些非正常手段也是情有可原的。"

何老师："谎言也有善意的。有时，为了帮学生树立信心，违心的赞美与褒扬也是教育的手段之一。如果真有好效果，偶尔善意地欺骗学生也无妨。"

吕老师："在某些特定的情境中，如果实话实说，很可能对学生造成伤害，反而无益于问题的解决。教无定法，关键还得看疗效，看能否'对症下药'。"

吴老师："学生时代的我也曾被老师欺骗过。我认为只要不伤害学生的切身利益，能促进学生的成长，适时适度的欺骗可能产生意外的收获。"

陈老师："为了维护自身的权威而欺骗学生的做法是不正确的。人非圣贤，孰能无过。主动承认错误的老师更能让学生信服。"

3. 关于教育欺骗或存或弃的辩论

笔者将调查对象就"教育是否需要欺骗"激辩后产生的观点归纳如下。

（1）教育不需要欺骗

①教师是学生的楷模。如果发现受到了教师的欺骗，学生会有什么想法？如果教师教育学生要诚实，可是学生却发现教师也说谎时，结果会怎样？答案不言自明。

②师者，所以传道授业解惑也。欺骗学生的教师，何以传道？师德何存？

（2）正方观点

①若一句违心的赞美或鼓励，一次善意的隐瞒或欺骗能换来学生的转变，能激发其向上的斗志，能让他们踏上阳光之路，何乐而不为呢？

②欺骗，可以作为特殊时段、特殊对象在特殊情境下的一种有效的教育手段。很多成功人士曾经因"谎言"而走向成功。

视点：教育，需要欺骗吗？

将教育中的欺骗作为一种教育手段，笔者认为必须以学生的发展为出发点，摒弃以教师为中心的错误思想，避免随心所欲地挥舞"指挥棒"，应从学生身心发展的角度出发，千方百计地为学生创造成长与发展的有利条件。只要"以学生的发展为出发点"的方向不产生偏移，欺骗这一非常态教育手段便有存在的空间与土壤。《狼来了》故事中的那个孩子，错就错在出发点上，想和村民们开个玩笑，给他们制造一点麻烦，以便从中取乐，但不曾想落得狼来了却无人相信的境地。教育也一样，切不能以自己的个人利益（如掩盖自己的一些过错）作为采取欺骗教育策略的出发点。

值得注意的是，在使用"欺骗"这一特殊的教育手段时，教师应仔细观察教育存在的漏洞，及时洞悉学生的发展动态以及教育氛围，否则很容易铸成大错。故事中的那个孩子，正是由于没有洞悉四周可能存在的危险因素，未能清楚地认识到自己的行为可能造成的后果，肆意欺骗村民，到头来只能自食其果。

"没有爱就没有教育"是千古不变的教育箴言。教师应给予学生足够的爱心与关怀，否则只会令教育举步维艰。比如，故事中的孩子根本就没有考虑到爱护与关心小羊，只是把小羊当作捉弄村民、寻找快乐的载体，最终让小羊和自己面临"灭顶之灾"。没有爱的教育，就如同花朵缺少了水的滋润。上文所举的一些例子也提供了有力的佐证。"欺骗"这一教育手段看似平常，实则属于一种攻心策略。从上述例子便可看到攻心之策的威力。话说回来，《狼来了》故事中的孩子使用的也是攻心计，只不过他将攻心计用错了地方。

总而言之，教师在运用攻心策略时需要真诚对待学生，不能让学生觉得你只是在敷衍，否则将适得其反。只要使用得当，欺骗这一特殊的教育手段和策略同样会为教育增添一抹亮色。

欺骗，也需要观望、睿智与爱。

拨开"圈养"教育的迷雾

尊敬的陈校长：

您好！两年了，我们没有开过校运会，没有参加过春游。下课后，教室是我们唯一的乐园，作业是我们唯一的任务。其实，安全第一、学业为重的道理我们都懂，但那是唯一的管理方式吗？我们在网上看到"圈养"这个词时，不由得联想到我们的校园生活——难道我们是被"圈养"起来的羔羊吗？

陈校长，我们多么希望能有一点参加课外活动的权利和自由，难道这样就一定会影响我们的学习成绩吗？我们不这样认为，劳逸结合才是我们最好的学习方式。陈校长，您在担心什么呢？请给我们一些自由吧！

一群渴望自由的学生

在某学校，此匿名信一出，犹如一块巨石，激起了千层浪。一时间，"教育圈养"成为了该校家长和师生关注的热点话题。为了深入了解"教育圈养"这一新词触及的教育行为的观点，笔者开展了专项调查。

话题一：你怎样理解"教育圈养"？

学生观点：

黄新——将我们绑在教室，除了上厕所外一律在教室活动，不准到操场玩耍。

李小强——就是要我们一味读书，不能参与其他活动。

辛力——为了安全着想，限定我们的学习和活动场所。

戴新——我认为"圈养"就是老师限制我们课外活动的办法，以让我们只能在学校看书、学习。

丘小可——"圈养"就是一到学校进教室，去完厕所回教室，回到家里不出门。

吴小波——学校规定"下午1点30分才能到校，一到校园马上要回教室读书"，我认为这就是"圈养"。

话题二：你曾遭遇"教育圈养"吗？

学生观点：

梁金才——原本每周有两节体育课，现在每周一节，后来甚至取消了体育课，课时都让给了语文、数学、英语等科目，或者只能进行室内活动。

祝安生——学校规定我们不得在课间打闹、嬉戏，如果没什么事必须回教室。

欧秀才——我们课间10分钟基本只能待在教室，因为要么老师拖堂，要么刚下课就有老师接班布置练习，根本没有时间玩儿。

陈全——我们没有春游活动，现在连校运会也省了。

话题三：对"教育圈养"，你持什么态度？

学生观点：

李想——我坚决反对。学校要求我们全面发展，可是如果不走出教室，不进行体育运动，怎样全面发展？仅体能这项就不及格。

唐糖——我觉得很压抑，整天这个不能干那个不能干，一点玩的时间都没有，好烦。

古新——每天就知道学习学习，我迟早会变"书呆子"的。现在我越来越不想回学校了，对学习有点厌烦。

莫非——我喜欢清净，我喜欢在教室看书、做作业，就算老师让我去操场玩我也不乐意。

伍小明——我宁愿老师把我们全部困在教室，免得一些同学玩得浑身大汗地回教室，弄得教室臭气熏天。

沈小礼——我没有什么要好的同学和朋友，假期都在家里，让不让我出门都无所谓。

黎强——难道把我们圈起来，学习成绩就能提上去吗？那样做只会让我们感到厌烦。

教师观点：

黄老师——安全第一，如果放得太开的话，容易出事故。一旦出了问题，家长会第一时间找学校和老师的麻烦，要学校和老师承担责任，还是小心为好。

王老师——教学质量直接影响学校与教师的声誉，所以学校只能牺牲学生的课余时间。学校和老师的压力也很大。

唐老师——一个班几十个学生，放得太开的话难管理。

谢老师——爱玩是孩子的天性，把他们"圈养"起来等于剥夺了他们成长的权利。

古老师——"圈养教育"难以培养出全面发展的人才，产出的很可能是"书呆子""病书虫"。

家长观点：

刘先生——我赞成学校的做法，让孩子多花点时间巩固知识，能提高孩子的成绩。

陈女士——我家的小孩很顽皮、爱闯祸，不多管一管容易出事。

王先生——学校还是规定学生不能随意玩耍为好，要不家长难管教。

李先生——我的孩子比较内向，所以我希望他多参加课外运动，多与别人接触。学校把他"圈"起来，我认为这对他的成长不利。

佟先生——无论是在小学还是在中学，孩子课外活动参加了不少，但是学习成绩也不错，二者并不矛盾，为什么要反对孩子玩呢？

伍女士——对孩子来说，"玩"不仅是一个创造的机会，也是认识世界的机会，不能让学生只扑在课本上。

钟先生——"圈养教育"是惰政行为，是对学生的未来不负责任的举措。

郭先生——"圈养"会抑制学生天然个性的形成，甚至会影响孩子的心理健康，是违背教育原理的。

话题四：你有什么建议？

庞灵（学生）——学校应当多进行安全教育，增强学生的安全意识，避免安全事故的发生，而不是剥夺我们玩的权利。

陈小欣（学生）——下课时间老师可以监督并指导我们活动，这样能最大限度保障安全，即使出现问题也能及时解决。

黄少芬（学生）——学校可以作出规定，适当限制我们的活动范围和活动方式，但不要一票否决。

张芳（学生）——其实我们有很多有趣而且能保证安全的游戏，既不需要太大的空间，也不需要你追我赶。我希望学校能征求我们学生的意见，设计一些合适的游戏。

陈老师——无论是为了保证安全，还是为了提高学生的学习成绩，都不能以剥夺学生的自由为代价。

李老师——我们应该向40分钟要质量，在备课等环节上多下功夫，不能走进题海战术的教学误区。

伍老师——如果家长都给孩子购买在校安全保险，学校的安全压力小了，自然会开展更多的课外活动。

陈女士——我建议学校着力于设计一些有针对性、危险系数低的体育活动或游戏，这样既能保证学生有自由活动的空间，也能确保学生的安全。

视点：拨开"圈养教育"的迷雾

"圈养"是有悖于学生成长和教育规律的行为，是缺乏艺术性的教育手段。从上述调查对象的陈述中可见，反对"圈养教育"者虽然众多，但支持者也不乏其人。由此可见，教师、家长对学生的安全问题以及学习成绩等方面存在顾虑。然而，"圈养教育"毕竟是缺乏科学性的保守教育行为，只是掩盖问题的"权宜之计"，不是解决问题的良方，也绝非长久之策。笔者认为，学校应有创新之策，还给学生自由活动的权利，坚定迈出实施素质教育的步伐。为此，笔者提出以下建议。

1. 亲近学生，参与学生活动

著名教育家张伯苓先生在南开当校长时，制订了一项"三点半"政策：下午三点半后，所有同学不许留在教室里，都要出去运动，出去玩儿，而他自己也常和学生们一起活动。学校不妨借鉴张伯苓先生的做法，鼓励学生走出教室，鼓励教师走出办公室，师生共同活动。这样一来，不仅能够促进教师与学生良好关系的建立，还能够让教师在参与活动的过程中实时做好指导与监督，减少安全事故发生的几率。

2. 细化制度，教师站岗放哨

很多学校认为，课间 10 分钟与中午上课前半小时属于安全忽视期，学生聚集在操场上，容易出现安全事故。对于"安全忽视期"，学校不妨让值班教师在固定的地方站岗放哨，这样便于及时发现并解决安全问题。

3. 创新形式，问计安全游戏

向全校师生征求意见，为学生量身打造一些既有意义也能保证安全的课间游戏。

4. 合理规划，游戏有序进行

有的学校学生多，活动场地小，如果全体学生一起活动，危险系数便会增加不少。对此，生多地少的学校可以采取"分而治之"的方式，按班级分配活动场所，合理利用有限的活动空间，确保游戏有序进行。

5. 家校沟通，购买安全保险

学校可与家长多交流、沟通，鼓励家长为学生购买校园安全保险，以防万一。

6. 提升素质，向课堂要质量

学校应要求教师在备课等环节上下足功夫，在教学形式上求新、求实，大力提高课堂教学质量，力求事半功倍，争取为学生的自由活动提供时间保证。而要提高课堂教学质量，学校必须提升教师的各方面素质，否则教学质量的提高便会成为"镜中花、水中月"。

教师"变脸"为哪般

有人说:"教师与演员有相通之处。"比如说,演员常需要变换面部表情来表达剧中人物的心理活动,以打动观众,寻求共鸣。教师也一样,与学生交流时需要多变的面部表情,或微笑、或严肃、或平静,甚至还有愤怒、忧愁与悲伤。但有人将这种行为理解为见风使舵,是虚伪的表现。诚然,任何事物都有其两面性,利与弊并存。笔者认为,决定问题性质的关键在于"变脸"的目的与技巧,适时适度、针对性强的"变脸"是具有很大作用的,反之则不然。教师"变脸"利弊究竟何在?"变脸"到底是为哪般呢?

1. 教师"变脸"众说纷纭

(1) 利大于弊

案例一:

王老师性格非常温和,从不责骂学生。上课时,班上的捣蛋鬼总是喜欢吵闹。我和几个女同学与王老师关系很好,私下便建议王老师"杀鸡儆猴"。一次,王老师抓住了一个捣蛋鬼,一向笑呵呵的王老师突然变得严厉起来,大声地斥责了那位同学,当场把全班同学都震住了。从那时开始,王老师制订了很多规矩,而且谁也不敢反对。

案例二:

班主任张老师很严肃,整天板着脸。同学们见到他直"打哆嗦",提建议或违反纪律就更不用说了。大家经常议论,班主任太凶,太吓人。然而,我们渐渐发现,张老师有时候也很随和。一次,我们班被学校评为"文明班集体",老师总是板着的脸露出了笑容,高兴地对我们说:"大家都是好样的!"从此以后,我们常能看到张老师的笑容,也渐渐和他亲近了许多。

案例三：

李老师很受同学们的欢迎，大家都很敬重他，都想和他亲近。李老师有时非常严肃，有时则很随和，面部表情随我们的表现而定。我们常常从他的表情中捕捉信息，来纠正自己的行为或感受李老师的鼓励。

案例四：

小强的语文成绩非常好，常被对小强赞赏有加的语文老师表扬，即使小强出现一些小问题，也不会为此受到批评。但是有一次，一向随和的语文老师一反常态，仅仅因为小强做错了一道简单的题目，就严肃批评了小强，接着又和颜悦色、语重心长地对小强进行了鼓励和表扬。后来，小强学习变得更细心了。

学生观点：

生：如果老师过于随和，无论学生做了什么都柔声细语或者整天笑呵呵的话，一定会被调皮的同学欺负。我认为针对不同的情况要用不同的方法，比如对违纪现象应该严肃地批评、处理，要不然违反者不会意识到自己的错误。

生：如果老师太严肃，我们不敢亲近，师生关系就不会好；如果老师太随和，一些同学不害怕，会惹是生非。当我们表现不好时老师最好严肃、严厉一点，而平时最好多给我们点笑容。

生：一次上课，老师神情疲惫，课堂气氛非常沉闷。然而，当黄诗意举手回答了一个问题后，老师的脸上露出了灿烂的笑容："诗意的回答的确有诗意。"老师的一个笑脸、一句话，便使那沉闷的课堂气氛一扫而空。

生：老师的神情有神奇的魔力，会使我们的心情随之而变。当老师心情愉悦，面露笑容时，我们会觉得开心，上课时精神就会好很多；当老师情绪激动，表情愤怒时，我们会感到忐忑不安。当然，老师神情严肃，甚至语气很严厉，不一定是生气的表现，只是为了向我们传达"你们这样做不对"的信息。

（2）弊大于利

案例一：

在去教室的路上，王老师与同事在走廊边笑边交谈着，我们也不由自主地为老师的好心情感到愉快。但当王老师走到教室门口时，却把笑脸收了起来，换成了一副严肃的表情。同学们心里不停地打鼓——老师刚才心情还很好，怎么突然又严肃起来了？哪位同学又犯错了？学生们随之也不由自主地把嘴角的笑容藏了起来。

案例二：

黄新在走廊上不小心把班长撞倒了，习老师愤怒地批评了黄新，并让他马上向班长道歉，并警告他下不为例。第二天，学习委员把张秦撞倒了，习老师却只是神色平和地告诉他以后要小心。接着，习老师严肃地告诫全班同学以后不能在走廊上奔跑，以免出事故。

案例三：

一次班会课，班主任梁老师调查某件事是谁干的。梁老师眯着眼睛，微笑着说："只要主动承认错误，我就不惩罚。"谁知小新承认后，梁老师马上换了一副脸孔，恨恨地说："原来是你干的，我找得你好苦呀！走，到我办公室去。"说完便将小新揪出了教室。

学生观点：

生：老师如果时而开心微笑，时而严肃愤怒，会让我们无所适从，让我们感到害怕。甚至觉得这样的老师挺虚伪的，不敢得罪，也不想亲近。

生：有的老师不能公平对待我们，对学习成绩优秀、纪律表现好的同学总会温和一点，而对成绩不好、常常违反纪律的同学，不管他/她是否是主要责任人，总是一批到底。虽然我们知道这是我们平时表现不同造成的，但还是希望老师能公平对待每一个同学，这样我们就会更尊重老师。

生：尽管老师对其他班的同学很随和，但面对我们时就会立马换一副面孔。这可能是因为老师担心对大家太随和会失去威信，一些同学趁机捣乱，但总不能一天到晚都对我们紧绷着脸吧。我们不愿意见到老师这样，希望老师常用笑脸面对我们。

2. 教师"变脸"要适时适度

齐老师——我刚当老师时，一位前辈教导我，一开始对学生要先板着脸，树立威严，逐步熟悉后再把笑脸还给学生。要不然学生不害怕你，就没法管教他们了。虽然我觉得这样的做法不值得效仿，但也说明了师生之间相处需要技巧，折射出了一些普遍存在的现象。

何老师——我不认为与学生相处有普适法则。无论怎样，教师应当坚定立场，不要只想着如何去驯服学生，或者如何让学生乖巧听话。面对那么多情况各异的学生，了解他们是建立良好的师生关系、实施素质教育的前提与基础。只有从教育学生成才的角度出发，教师才会找到合适的交流方式。

杜老师——"变脸"是必须的，关键在于怎样变、什么时候变。适时适度并且"对症下药"才能见到效果。

视点：教师"变脸"大有可为

综合以上案例和观点，令人想起这样一个词——教无定法。面对学生，教师"变脸"与否以及有何利弊等话题，只是教师工作的一小部分。但同时也是每一位教师甚至每一个参与教育活动的教育者都需要面对的问题。从上文中的师生论述可见，"变脸"这种教育方式并无实质上的对错之分，只是在使用时的方式方法以及使用的时间、适用对象上有所区别而已。只要用得合时、合理、适度、有效果，无论怎样变，终究是教育的方法与策略。

"变脸"一词由来已久，它原为川剧中一种瞬间多次变换脸部妆容的特技，主要用以揭示人物内心思想感情变化的一种浪漫主义表演手法。在此介绍川剧特技似乎与教师这个职业没什么必要联系，但不得不提的是，教育作为一项培育人、塑造人的工作，其过程之艰辛、工作量之大常超出常人之想象。教师若想与学生达成共识，使教育活动产生良性反应，就要想方设法深入学生的内心世界，从中寻找教育线索。有时候，仅抓住学生心理变化的一些微妙之处，便有可能开拓出教育空间。这就与川剧演员在台上通过变脸特技与台下观众达成交流、激发共鸣的功能相吻合。教师"变脸"，正是抓准学生心理，通过丰富的面部表情与学生深入沟通，从而"对症下药"的一种施教方式。这种施教方式很可能是转变学生、体现教育效果的关键所在。从上文学生的讲述中可知，教师神情的转换，对学生来说是一种信息，这种信息可能是"晴空万里"，也可能是"细雨绵绵"，可能增进师生感情，也可能造成师生间的隔阂。

归根结底，尽管教师"变脸"利弊共存，但我们不能因噎废食，而应将重点放在教师如何才能发挥"变脸"最大的教育效力上。笔者认为，首先，教师要深入了解学生，仔细观察并分析学生的心理状态。然后，教师应摆正自身的心态与位置，明确自己的职责所在，认真思考学生更容易接受怎样的"变脸"方式。笔者相信，只要教师在日常的教育工作中，把爱写在脸上，学生一定会铭记这份爱，也能理解教师"变脸"的目的何在。如此一来，无论教师表现出来的是和蔼还是假意的冷漠，都不会使学生产生心理上的畏惧。

在此，笔者斗胆说一句："一个面无表情的教师不可能当好教师"。

班级性格也需要科学发展

班级性格即"班魂",亦可称之为班级精神,是一个班级经过长期的沉淀逐步形成的共性特征。不同的班级,其性格的形成、发展与特性相通,但又不尽相同。究竟班级性格有何特征?班级性格的塑造面临哪些阻力?班级性格对班级管理、学生成长可能造成哪些影响?班级性格又是如何形成与发展的?本文就这些问题进行了问卷调查,调查结果如下。

1. 现状:班级性格面面观

(1) 班级性格的基本特征

①从师性

主要特征:受教师(特别是班主任)人格魅力、社会地位等因素的影响,学生常常模仿教师的言行举止。

学生观点:

李想:我们班主任学富五车,有抱负、有追求,性格开朗、品德高尚,大家都为他感到骄傲、自豪。我们都以他为榜样,所以我们班也逐渐形成了好学、上进的班集体氛围,现在是学校的模范班。

陈冬梅:我们班主任性格内向、不善言辞,但原则性很强,对我们要求很严,制订了一系列条条框框的制度。大家干什么都很谨慎,怕稍有不慎便得到惩罚。

任典:班里很多同学做事很马虎,经常丢三落四,我觉得这是因为原来的班主任做事粗心、随意,还经常张冠李戴所造成的。

刘自海:我们班主任比较专制,不允许我们向他提建议,而且常为小事喋喋不休,时间一长,班里的同学也常因为小事吵闹。她还鼓励大家打小报告，现在班里有很多"告密者"。

教师观点：

司老师：教师的品行、性格特点对学生有很大影响，这是由于学生的模仿性与教师的导引性造成的。

秦教师：身教胜过言教，"其身正，不令而行；其身不正，虽令不从"。比如，如果学生看见教师捡起地上的纸屑，下次便会自觉效仿，那么班里学生的卫生清洁意识会进一步增强。因此，教师应注意言行举止，树立良好的外在形象，提升内在的涵养，引导学生养成良好的习惯。

②伪性格

主要特征：受各种因素的影响，学生经常会刻意模仿偶像或者社会上流行的言行，但这并非真实的学生个性与班级共性。

学生观点：

安冬：班里很多同学经常使用"神马""不差钱"等网络语言，语言滥用现象很严重。

王世杰：周杰伦是很多同学追捧的偶像，很多同学经常模仿他的言行。一些同学干什么都模仿明星的语气、神态、动作，还追新潮、攀比。

教师观点：

齐老师：随着时代的发展，网络、电视等媒体平台以及明星效应等社会因素对教育的冲击力越来越大。目前形势下，教师必须具备鲜明的个性和更高的素质，才能纠正学生的不良行为习惯，才能促进良好班级性格的形成。

③多样化

主要特征：一个班级中人数众多，有内向、开朗、好动等各种性格的学生，要形成相对鲜明的班级性格相对较难。

学生观点：

有些同学的父母好赌，这些同学就常把赌字挂在嘴边；父亲脾气暴躁，孩子的性格也往往容易暴躁。

教师观点：

吴老师：学生受到的家庭教育各不相同。家庭教育对学生的影响很大，往往会造成他们言行的个性特征，比如性格暴躁、好动、内向等。教师应有计划、有针对性地开展一些形式丰富的班级集体活动，推动班级主体性格的形成。

顾老师：一个人一种性格。只有充分了解学生的生活特性与性格特征，才可能因材施教，达到良好的教育效果，才可能让班级更有凝聚力，为班级性格的形成提供有力保障。

(2) 班级性格面临的阻力

贺老师：家庭教育缺失，家长支持力度偏小。

孙老师：部分教师没有认识到班级性格的重要性，未能正确理解班级性格对班级管理、学生学习等的推动作用。

魏老师：一些不良的社会因素对学生造成了不小的影响，这为班级性格的形成带来了阻力。

2. 对策：班级性格"攻坚战"

班级性格的形成并非朝夕之功，要在这场攻坚战中收获战果，教师必须全面掌握各种信息，做好规划，制订实施方案。如何打造班级性格？不妨听听师生的建议。

学生观点：

楚真：我认为要"勤"。自己的事情自己做，养成勤于思考与动手的良好习惯，摒弃陋习，锻炼吃苦耐劳的性格。只要每个同学都"勤"起来，良好的班级性格便会形成。

蒋立溪：我认为要诚与实。一个人真诚待人，会得到大家的尊重；每一个人都真诚待人，班集体便会和谐；每个人都实在做事，班级事务就会落实到位。

朱诚：我认为要谦虚与上进。形成了谦虚与上进的班级氛围，就会形成奋发向上的班级性格。

许铎：我认为要团结与互助。

吕杰：我认为要大度与宽容。

教师观点：

汪老师：鼓励学生敢于参与班级活动，勇于在班级活动中展示自我，主动质疑，大胆探究，促使学生善于交流，提高学生的学习热情。

冯老师：以身作则，养成良好的行为习惯，做学生的榜样与模范，起到示范作用，引导学生养成良好的学习和生活习惯。

付老师：实行民主管理，多倾听学生声音，和学生一起制订班级规章制度，强化班级管理，推动班级性格的形成。

沈老师：教师应身体力行，以德服人，积极参与到班级性格塑造的"工程"当中，如可以与学生一起遵守各项班级规章制度。

张老师：加大奖励力度，促进学生良好品性的养成。

罗老师：丰富班级文化，通过多种形式彰显班风，营造良好的班级氛围。

3. 发展：班级性格"保卫战"

班级人员（包括教师和学生）存在流动性，如果新进人员对既有的班级性格欠缺了解或不甚认同，那么原有的班级性格就可能遭到冲击。

学生观点：

杨丽：我建议老师接手新班时，应该找之前的班干部交流一下，了解情况，尽快熟悉班级现状，也希望新老师能听取我们的建议，推动班级性格的进一步成熟。

肖川：新同学加入时，老师不妨找一两名各方面表现都特别优秀的同学与他/她相处，消除他/她的孤独感，帮助他/她尽快适应新环境，融入班集体。

陈东：我觉得新老师不应该随意否定原来的班级制度，因为那些制度毕竟是大家之前很长时间共同努力的结果。

教师观点：

王老师："九层之台，起于垒土；千里之行，始于足下。"圣人无常心，以百姓心为心。班级管理也一样，要从基础做起，要以学生为主体，夯实发展基础，才有利于班级性格的可持续发展。

董老师：无论是新教师还是新学生，关键是要融入原来的班级文化和氛围。新教师还要切实肩负起维护和发展班级性格的责任，为学生的成长保驾护航。

4. 班级性格科学发展谈

班级性格的塑造犹如书法和绘画。在书写和作画前，先要考虑纸张尺度等因素，再根据需要谋划布局，在脑海中形成基本轮廓，才可能创造出优秀的书画作品。书画创作过程与班级性格的形成过程有相通之处，在班级性格形成的过程中要先考虑所面对的各种因素，再科学统筹、布局谋篇，最后确定班级性格的基本发展方向。

班级作为一个"小社会"，每个学生的心理需求和所处的环境都存在差异，性格也各不相同。常言道："物以类聚，人以群分。"性格相近的学生往往会聚在一起，如此一来，便会出现很多"山头"，而不同群体之间容易滋生矛盾。要将不同类型的群体拧成一股绳，引领他们齐心协力朝着一个方向前进绝非易事。要塑造良好的班级性格，必须以人为本、重视内涵建设并讲究策略，才能有效推动班级性格的快速形成与科学发展。

（1）坚持以人为本

首先要坚持以师为本。相关调查显示，学生性格的形成在很大程度取决于教师（特别是班主任）的性格——教师活泼开朗，学生也相对较活泼开朗；教师做事粗心，不思进取，学生普遍做事马虎，得过且过。作为班级性格塑造的灵魂人物，教师要坚持以身作则，提升个人修养，端正自身的言行举止，用高尚的人格魅力和丰富的学识感染学生，促使班级产生向心力，推动班级性格的形成与巩固。然后要坚持以生为本。班级性格是建立在学生个体性格之上的，所以教师在确定班级性格发展方向时，应着眼于不同性格群体学生的共性，为班级性格的最终成型提供有力参考。

（2）重视内涵发展

班级性格的形成只靠嘴皮子是不行的，要实现班级性格内涵的发展，必须要有实质性的措施。为此，教师应着力打造良好的班级文化氛围，如可开展"让梦想起飞""文明礼貌大家谈""如何形成良好学习习惯"等为主题的班级活动，让学生在良好的班级文化氛围中体会、领悟并内化班级性格。

（3）讲究管理策略

首先，要重视对班干部的选拔与培养。班干部在班级管理中起着桥梁的作用，他们是保证制度得以贯彻的关键人物。培养好班干部、利用好人才资源，让学生之间相互影响、优秀带动落后，有利于班级性格的形成并逐步走向成熟。其次，要落实细节。教师应适当提出要求，引导学生在学习、生活、交际等方面养成良好习惯，规范学生的言行。良好班级风气日积月累后，班级性格便会自然成型。最后，要重视舆论导向，善用鼓励表彰。鼓励表彰有利于正确舆论导向的形成，有利于班级性格的可持续发展。因此，教师应充分借助舆论的力量，以激励机制保障良好班级性格的发展和完善。

聚焦家访

家访，是一个值得长期回味、思考与不断探索、更新的话题。对于家访学生如何看待？优秀生、后进生或中等生是否有不同看法？他们有何期望？教师又有何想法或遇到哪些问题？究竟怎样的家访才能赋予教育生命力，达到教育目的呢？

1. 我的心事你要懂

（1）我并非完美

陈秋玲——我是班上的学习委员，成绩优异，纪律表现好。我一直都生活在表扬声中，在学校，我是老师眼里的好学生、好助手，是同学的榜样。在家里，我是好孩子，学习自觉，常常帮家人做家务，爸爸妈妈的亲戚朋友经常表扬我。邻居都喜欢对孩子说"小玲姐姐学习好，乖巧又听话，你要多跟玲姐姐学习"之类的话。或许正是因为我学习成绩优秀，纪律好，老师很少来家访。我记忆当中的老师家访已经是很久以前的事了。那次家访，老师跟我的家人说了不到十句话，大概是一些"小玲很听话、成绩优秀、尊敬老师、团结同学"的褒奖，而且最多只有五六分钟。当时我脸红红的，心跳得厉害，我并不是害怕老师说我的坏话，而是非常希望老师能指出我不足的地方，比如"我不喜欢体育锻炼""我很少主动和同学交往"等，并给我提出一些建议。当老师家访只说了一些简单的表扬离开时，我心里很失落，老师虽然对我很好，很关心我，但家访给我的感觉是老师并不重视我，难道老师真的认为我已经完美？我是多么希望老师在家访的时候，多讲一些我的不足，让我父母知道，让大家帮助我变得更好。我真的有点失望！希望老师能明白我的想法。

吴小兰——这学期老师来我家家访就已经有两次了。但是我总感觉老师是在应付。因为老师每次都是在爸爸妈妈面前只是表扬我几句就走了。有一次甚至连茶还没泡好就踏出了屋门,而在隔壁的同学家里逗留了一个多小时。我知道是隔壁的同学那段时间经常违反纪律,把老师招上门了。而我家只是老师家访时顺路而至,这让我有附属品的感觉。其实我有很多缺点,只是老师没发现。我曾经有过一个大胆的想法:不如我也淘气几回,让老师家访不再只是重复"小兰真聪明,竞赛获得了第几、成绩如何优秀"几句话,而专门来我家跟爸爸妈妈探讨一下我的问题。哎,也不过想想而已。谁叫我在老师的眼里是如此的完美!

(2) 我也渴望表扬

秦新——家访是我最害怕的事情。我只是一个成绩中等的学生,各方面表现都很普通,老师很少表扬我,批评倒有几次。要是老师来家访,说不准我还要挨顿打,起码是一顿臭骂。真希望老师家访时能表扬一下我的优点。虽然我不算优秀,也并不是一无是处,比如我有爱心,劳动积极,上课也经常举手回答问题等等。总之老师家访时别让我爸爸妈妈感到没面子,还教训我就好了!

黄子强——如果老师来家访,我事先知道一定躲得远远的,因为我知道自己几斤几两。数学作业经常不完成的是我,英语不及格被罚抄的也是我,弄哭同学的是我,弄烂花盆的还是我……这一项项罪状加在我头上,老师家访时说出来,爸爸的脸上肯定晴转阴。接下来的一切也"尽在不言中"了。所以,我希望老师别来家访,让这些陈年往事永远埋藏。不过,要是不能避免的话,我希望老师能把我的"恶作剧"最小化,将我"校运会时跳高第一、跑步第二""英语提高快(有一次考了88分)"等优点放大,让我的缺点不再那么显眼,让我的父母开心,让我不再受责骂。不过,缺点还是要提,这样我才能去改正。要是老师能这样做,我一定会改正缺点,争取优异表现。

陈发荣——老师,我是有优点的。我的作业会按时交,虽然有时字体潦草;上学按时到,虽然回学校后一直玩到上课;上课也回答问题,虽然时常答错,但起码我都能做到,以后我会做得更好。还有,我是体育健将,乒乓球比赛拿了全校第二名……这些老师都知道,我虽然考试常常不及格,但我以后会用心的。希望老师家访时能多讲我的优点,让我的父母知道我也是好孩子。

李康——家访对于成绩好、表现好的同学可能是好事，老师一定会表扬他们；对于成绩差、犯过错误的同学可能就是"噩梦"了。有一次，老师来家访。跟爸爸说了我犯的错误，爸爸当时脸色变得很可怕，当场骂我没出息，我好难受。其实那段时间我的表现已经好很多了，作业按时完成，已经没有再欺负旁边的女同学了，老师还表扬过我。但就因为我不小心撞倒了同学，还跟他吵架，老师就来家访了，完全忘记了我的进步，剩下的只有过错。这样对我不公平，为什么老师不提我的优点，为什么我进步时不家访，非要我犯错误才来呢？为什么每次家访都让我心惊肉跳的？

（3）我说爱你太难

王小勤——我欢迎老师家访，但我不喜欢老师家访时让我走开。其实，我特想听老师对我的评价，听他们讲的内容。可惜爸爸总是让我回房间。每次家访我都感到不安，担心老师反映我在学校做得不好的地方，也担心爸爸会把我在家里的劣行告诉老师，而我却蒙在鼓里。

董世强——我怕家访，因为怕老师告状。以前每次老师家访后，我总会被爸爸臭骂，说我不认真读书，经常违反纪律，弄得老师上门告状，丢尽面子。有一次，老师家访讲了我干的一些"好事"，等老师离开后，爸爸拿起棍子"啪啪"两下子打下来。现在只要知道老师来家访，我就躲开，老师走了一个小时，等爸爸火气消了一些后我再回家，这样就不会挨打了，这是我多年积累的经验。

辛振豪——有一次，老师家访带着几个同学，说起我的事情时让其他同学听到了，当时爸爸对老师说"小振有时早上起床不刷牙，老师帮我教教他"，弄得同学哈哈大笑。后来还帮我起个外号叫"懒刷刷"。所以，我不喜欢老师家访时带其他同学来，因为这样可能会让我出丑。

刘子贤——我怕老师家访时说我的成绩不好等问题。因为我妈妈只要一听说我学习不好或者违反纪律等情况就会伤心地哭，几乎是用央求的语气求我用心一点念书。有一次，老师家访时对我的评价不错，只是最后说了一句"有时上课开小差，要注意改正过来，相信一定有更好的表现"，妈妈送老师离开后眼泪就下来了。

郭小峰——"老师悄悄地来，我轻轻地走，老师轻轻地走，我悄悄地回"。我不喜欢老师来家访，因为老师家访后我总会受伤，无论是心灵上还是身体上。其实，我知道自己有很多缺点，老师和爸爸妈妈都是为我好，但我不得不尽力逃避。如果有一天我真的喜欢上家访的话，只有一个理由——我已经足够优秀。

2. 内心深处的记忆

（1）最动情的片段

陈俊杰——五年级时，陈老师来家访，那令人感动的一幕我至今仍铭刻心中。那时，我是班长，在班上成绩和纪律都是数一数二的，但有一段时间因为爸爸妈妈沉迷打麻将而出现了一些波动。12月的一个夜晚大约7点钟左右，陈老师独自一人骑着自行车摸黑冒雨来家访。当时我的父母正在打麻将，看见老师来急忙"收摊"招呼。老师坐下后，爸爸让我回房间，老师则让我坐到他的旁边。老师跟爸爸聊的内容我记得清清楚楚，老师夸奖了我各种优异的表现，还重点提到了我"上星期迟到""作业完成得不认真"等问题。老师说的话让我感动至今，"俊杰是一棵好苗子，他各方面的成绩都是非常优秀的。这段时间出现一些小状况，我们大家也清楚是什么原因，希望作为家长的你们能多花时间去关心一下孩子。有时候也要听听他的想法。"当时，老师一直用手抱着我的肩膀，让我感觉好温暖。9点钟陈老师才从我家离开。看着他消失在冷风中的背影，我哭了。陈老师连夜冒雨来家访让我感动至今。

方琪——读小学时，我经常迟到。一天，李老师来家访，我非常紧张。因为我那天又迟到了，老师一定是为这事来的。奇怪的是，李老师从进门开始一直跟我爸妈聊家常，时不时表扬我。临走时，李老师拿出一个闹钟交给我，执意让我收下，说"你在我心里一直都很优秀，但一个懂得掌控时间的人才能做最好的自己。以后每天早上这个闹钟代我叫你起床，时间我已经调好了，希望你学会自理，做时间的主人……"自从那次李老师来家访后，我彻底甩掉了"迟到大王"的帽子。现在，我已经不需要闹钟来催我起床了，因为闹钟已经在我的心里。我会珍藏那只闹钟，因为那是李老师对我的关心和鼓励。

黄木生——我曾经是一个各方面都表现很差的学生，那时家里人对我已经不抱任何希望了。新学期开学，爸爸没有给我报名。就在我认为自己要彻底告别学校的时候，吴老师三番五次地到我家，让我继续读书。一天下午，天下着大雨，吴老师又骑着自行车来了。可能是被吴老师感动了，父亲在说"读书不如放牛"时，语气显得不再决绝。吴老师说："知识很重要，木生成绩差是事实，他可以努力，我一定会帮他，同学也会关心他。"父亲说："哪个同学会帮他，以前经常欺负人、捉弄人，不恨他就不错了。"吴老师说："你错了！看，这是全班同学写的字条，里面有同学的话，他们还写了很多木生的优点。"吴老师的执着和用心让我哭起来，我的爸爸终于答应让我继续读书了。后来，我在老师、同学的帮助下，各方面都有了明显进步。那一次的家访，是我一生难忘的记忆。

（2）最尴尬的往事

陈老师——一次到小齐家家访，我刚开口说话，家长便问："老师，是不是小齐又犯错误了？"为了避免出现不想看到的场面，我极力掩饰，尽量轻描淡写地说："其实也没什么大事。"哪知道家长甩手就给小齐一巴掌，我想制止，但家长说："老师，您费心了，这臭小子不打不行。"小齐哭得很厉害，家长边打边骂："你还好意思哭，读书这么多年，年年被投诉，臭小子。"在我的极力制止下，家长终于住了手。后来，我尽力缓和气氛，深入交流，家长的教育观念终于有了一些转变。但想起当时的场面真的很尴尬，作为老师的我去家访，却让学生当面被家人打。有了这样的经历，小齐能喜欢老师去家访吗？怎能抹平心灵的创伤呢？家访需要教师、家长、学生的三方互动，在交流方式上稍有不当，家访很容易陷入尴尬，教育目的也难以实现。

张老师——家庭教育对学生非常重要，我碰到过对孩子非常不负责的家长。一次家访，家长对孩子的情况漠不关心，态度不冷不热。"我对孩子没什么要求。生意已经够忙的，我没时间管束他。请老师放心管教，即使打骂也没意见，不用麻烦您来家访。"我站在一旁有点尴尬，感觉好像是多管闲事，完全没有了做老师的尊严。

黄老师——新接手一个班级，我都习惯到每个学生家里走一趟，熟悉一下每个学生的家庭情况，我受过各种形式的款待。最难忘的是去小勤家，家长极其热情，语气非常客气，在桌子上摆上很多水果，不停地劝我吃，还手忙脚乱地张罗吃饭。那次的家访没有达到预期目的，我就借口离开了。之后通过电话联系的方式才得以与家长交流。

（3）最得意的家访

李老师——我家访的时间、对象、方式、内容主要由学生决定。实行"普访"，组织全班学生参与，明确普访时间，制订普访表；"专访"，对象主要是近期表现进步较大的学生，主要流程是"报喜单（学生带回给家长）——电话联系——家访"，主要方式为"全体学生列举受专访学生各方面的近期表现，同时提出需要改进的地方让受访学生选择（只要受专访学生认为近期可改变的不视为缺点）"；"邀请家访"，即学生邀请教师家访。学生认为自己近期表现很好或需要老师帮助解决某些问题而邀请老师进行家访；"突击家访"，因学生存在某些不足屡教不改而进行的家访，不受时间和方式的限制。家访的总体效果非常好，一个学期下来，普访一次，专访平均每人超一次，邀请家访12次，突击家访0次。

学生的话：

李芳芳——老师来家访是我最开心的事情，证明我的表现良好，有进步！

黄琨——以前爸爸常说我表现不好，怕老师来家访。现在他只要知道老师来家访就特高兴，我知道他是为我在学校的好表现感到骄傲。

陈杏花——现在，我倒害怕老师一学期只来一次家访了，那样的话就说明我表现得不够好，我真希望老师月月来家访。

王星才——爸爸看到我拿着报喜单回来，一学期里老师来过两次家访，表扬我有进步。现在，爸爸开始关心我的学习了，再也没有责骂过我。

3. 一招半式话家访

家访是完善教育的有效载体，不同的学生对家访有不同的看法，然而，不同的对象、背景与需求背后也存在着共性。聚焦家访，我们能从学生的话语当中得到启发：无论怎样的学生，他们都存在"渴望被关注，追求进步"的心理；无论怎样的学生，都存在"闪光点"，关键在于挖掘，懂得欣赏；无论怎样的学生，都有一扇通向心灵的窗子，那是被感化和转变的入口。当我们开展家访活动时，这些共性便是值得我们关注的地方。

家访，需要发现和解决一些实际教育问题，更需要建立一份情感。因为家访是学校教育的延伸，是为完善教育服务的，在学校发现的一些问题需要借助家访、得到家长的配合和协助来解决。家访是连接家庭教育与学校教育的纽带。巧妙地利用家访，将学校与家庭教育中存在的不完美之处通过交流和探讨逐步完善，可以收获教育的成功。家访针对的主角是学生，学生对家访的接受程度直接影响着家访效果，我们应关注学生的心理，重视家访的技巧，寻求最合适的教育方式，达成教育目的。家访时应当让学生直接参与，在场交流，这是对学生最起码的尊重，也是家访时与学生建立信任的基本技巧。

作为教师，家访时应注意添加"智慧佐料"，减少伤害和冲动，让智慧领航家访，让家访充满温情与关爱。这样的家访才能走进学生的心灵，产生强大的助推力。

教师的课堂"话语霸权"

所谓"话语霸权",就是人在表达自己的想法时,以居高临下的态势、说一不二的语气、绝对权威的结论,向受众强硬灌输某种观点,先入为主。细细斟酌"话语霸权"的含义,我们可以发现教师往往是"话语霸权"的使用者。究竟现实课堂教学中教师存在哪些"话语霸权"?学生有何感想与感受?对于这两个问题,学生最有发言权。为了让学生能够畅所欲言,发出最真实的声音,笔者先引导学生就"在课堂上,你是否遭遇过'话语霸权'?""你怎样看这种'话语霸权'?""你有什么期望?"等问题准备相关素材,然后借助网络,与学生通过网络聊天的方式进行交流,让学生就"教师的课堂'话语霸权'"话题进行论述。

师:同学们,今天我们围绕"教师的课堂'话语霸权'"开展讨论,希望大家能结合平时的感受,将近几天想好的话说出来。在课堂上,你是否遭遇过'话语霸权'?事情的经过如何?

风云一号:我遭遇过。有一次老师要求自由组合进行分组讨论,我和小新一组,老师说只有两个人讨论不出什么结果,便让我们各自加入其他小组。我和小新都很不情愿,但也只得照办。

华仔天地:我也有过类似的经历。老师要求我们围绕"你有没有欺骗过生活"这个话题进行讨论。我回答:"老师,我不想欺骗生活,但我觉得……"没等我说完,老师便说:"请按句式要求陈述。"当时,我就什么也说不出来了。

神州八号:相比之下,你们算幸运的了。数学老师问一道题谁不懂,我和小强举手了,却被老师一顿责怪:"这道题已经讲解了很多遍了,怎么还不理解，上课干什么去了？"课后，我发现其实很多同学都不懂。现在我俩都学聪明了。

随风飞扬：我也遭遇过。有时老师的话确实挺伤人。音乐老师让我领唱《让我们荡起双桨》，我没唱准，老师便失望地对我说："学习成绩是好，但五音不全"。我很委屈——只是一次没唱好而已啊！

喜洋洋：有一次数学课，讲的内容比较多，为了赶时间，老师竟然说："大家不用思考，也不用议论，听我讲解就够了。"这样的例子想想还挺多的。

师：看来很多同学都有类似的经历，那么大家又是怎样看待这种"话语霸权"的呢？

友谊万岁：有时我觉得老师很霸道——要我们换位思考，自己却做不到，命令我们要这样不要那样。我们被当成没有思考能力的人了。

美丽无掩饰：我觉得我们没有话语权。一些老师虽然说给了我们表达的机会，但并没有赋予相应的自由，而是必须按要求或标准去思考问题，一成不变，枯燥无味。

星雨心愿：老师很霸道，我很无奈——某些知识，我不得不假装理解；某个观点，我不得不附和；某些事情，不得不讨好他们。

神州八号：说者无心，听者有意。老师一句不经意的话，就可能打击我们的自信与热情，对我们造成伤害。

追梦：学生必须顺从，否则可能遭到老师"另眼相看"，甚至沦为"捣乱分子"。一句话，按老师说的去做，不需要思考，往往会得到更多表扬。

小作家：我很压抑——老师与我们的情感距离太远了。为什么不倾听我们的想法，不顾及我们的感受，而是一味要求我们如此这般呢？我渴望言语自由！

生生不息：一些老师比较专制，我们不敢怒更不敢言。如果有可能的话，我希望师生换个位置，让老师体会一下我们的感受。

隐形的翅膀：老师限制学生在课堂上的话语权，可能是一些学生的不自觉行为造成的"后遗症"。比如，个别同学喜欢"抬杠"，讲的话离题八千里。久而久之，老师为了维持课堂学习氛围与环境，不得不采取相应措施。

师：我体会到同学们的情绪很激动，也很理解大家。刚才，"隐形的翅膀"从另一个侧面分析了教师"话语霸权"形成的原因。通过大家的讲述，我也觉得教师的课堂"话语霸权"可能有意或无意地影响到了大家的学习情绪，可是否还有其他因素呢？有兴趣或有想法的同学可以继续说说。

太有才了："隐形的翅膀"分析得有道理，一些老师确实让人感觉高高在上，不过我们也有责任。比如，一些同学上课总是走神，回答问题风马牛不相及，老师肯定要严肃地批评，免得浪费大多数同学宝贵的课堂学习时间。

小作家：老师有时用命令的语气是正常的，关键是要看时机，掌握好火候。

隐形的翅膀：老师和学生之间应该相互理解、尊重，多交流和互动。

师：很高兴大家能毫不保留地将自己的经历和看法说出来，而且大家能从不同的角度去分析问题，令人很欣慰。课堂学习是教师与学生的互动，只要我们把握好自己的角色，相信课堂必定会更和谐、高效。最后，请大家一起来说说对老师、对同学、对自己有哪些期望。

舞林高手：希望老师能给予我们自由发表言论的机会，勿囿于"回答问题必须举手"的规定，让我们及时地把真实的想法说出来，这样能保持我们思维的顺畅，调动我们学习的积极性，有利于我们全身心地投入学习之中。

大风车：希望老师在课堂上不要过多批评，否则会打击我们学习的积极性。毕竟对一些知识理解得不深、不透以及表达不到位或精神不集中的现象是免不了的，希望老师多点包容和引导。

隐形的翅膀：希望老师引导我们自己去思考、理解，多给我们表达的机会，让我们自己去进一步巩固知识，这样有利于培养我们的理解能力。

科学小卫士：希望同学们懂得自制，勿让老师分心于教学之外的事情。毕竟老师采取强制措施后，自己的情绪或多或少会受到影响，以致降低课堂教学质量。

明天会更好：希望同学们有好的想法或建议时，多和老师沟通，获取老师的支持和理解。同时，希望老师能加强和我们的交流。相信只要师生同心，没有解决不了的事情。

师：这次讨论，大家都非常积极主动。正如"明天会更好"说的那样，只要师生同心，没有解决不了的事情。关于"教师的课堂'话语霸权'"的讨论到此结束，我坚信我们的课堂，明天会更好！

综上所述，学生对教师的课堂"话语霸权"其实是有看法的，学生的表述都很理智，同时充满期待。笔者认为，教师的课堂"话语霸权"是学生学习思维的"紧箍咒"、师生情感的分隔器，是左右课堂教学走向的一个重要因素，是素质教育实施过程中需要正视并亟待解决的问题。从另外一个角度来说，消除教师的课堂"话语霸权"，是尊重学生人格、张扬学生个性、培养学生创新思维、体现以人为本教育思想的综合体现。教师要懂得将话语权分解、融合到课堂教学当中，与学生分享话语权，让学生在一种没有思想束缚、没有强势诱导的环境下积极探究、主动求知，只有这样才能达到"教者乐此不疲，学者兴味盎然"的教学境界。

1. 要转变"教师高于学生"的教育观

教师的教育观是"话语霸权"形成与否的主要决定因素。教师要深入探究教育教学理念与方法，及时更新观念，在思想上武装自己，树立师生平等的意识，摒弃"教师高于学生"的错误思想，走出"让学生在教师的话头上学习"的思想误区。

2. 要改变"喂、灌、吞"的教学方法

课堂学习过程应是一个充满生机的过程，但传统的"喂、灌、吞"的"军事化"教学流程只会令原本生机勃勃的课堂变得呆板、乏味。因此，教师要在教学方法上求新求变，在转变教育观和教学思想的基础上进一步改进教学方法，化"一言堂"为"群言堂"，将课堂学习由教师讲授变成师生之间交流与探讨，把学习的主动权还给学生，引导学生勤说、能说、会说，让学生在相对自由的思维空间中畅游。

3. 要尊重学生的人格

苏霍姆林斯基曾经有一个十分精彩的比喻："要像对待落叶上的露珠一样，小心翼翼地保护学生幼小的心灵。"消除教师的课堂"话语霸权"，尊重学生的人格是关键。教师不能用语言伤害学生，也不能不合时宜地用强制性的言语命令学生，因为这样只能阻断师生交流的桥梁。只有以尊重为前提，师生之间才可能有深入交流的基础；创设良好的学习氛围，才能在课堂上真正实现师生共同分享话语权的目标。

消除教师的课堂"话语霸权"，不可轻率为之，唯有从"心"开始，从教师自身开始，从尊重学生开始，方能提高教学质量。

遭遇暗示

（上）经验篇

暗示，是指用含蓄、间接的方式对人的心理和行为产生影响。苏霍姆林斯基曾说："造成教育青少年困难的最重要的原因，在于教育实践在他们面前是以赤裸裸的形式进行的，而处于这个年龄段的人，就其本性来说是不愿意感到有人在教育他们的。"暗示所具备的特性正迎合了学生的心理与教育需要——在无痕中批评、在无声中指引、在无形中点拨。教师在课堂教学中巧妙的暗示，能调动学生的心理潜能，促进师生情感的交流，提高课堂教学效率。

1. 教学案例随笔

（1）"秋波"暗送传信息

张小芳——我一向胆小，课堂上从不主动举手回答问题。其实我并不是不会，只是不习惯大家注视的目光。李老师经常鼓励我勇敢战胜自己，在课堂上积极举手回答问题。但面对李老师的鼓励，我感到心有余而力不足，总是辜负他的期望。一次公开课，李老师提了一个问题，大家争先恐后地举手，我依旧端坐着当看客。李老师似乎有意跟我"作对"，那么多同学举手都不叫，只是默默地注视着我，眼神中充满了期待。想起他平时对我说的话，我读懂了他那眼神中的弦外之音："小芳，你要锻炼自己。勇敢一点，把手举起来。"我脸红了，心里像有一只小鹿在乱撞。看着四周坐着那么多听课老师，我更害怕了。再次与李老师的目光相遇时，我感觉他的眼神里不但有鼓励，还有焦急，甚至有点失望，似乎是在说："张小芳，快点，这可是公开课呀！"我一鼓作气，终于举起了手。因为过度紧张，我竟然忘记早已想好的答案，脑海一片空白。焦急中，当我看到老师鼓励的眼神，心情渐渐平复下来，顺利地说出了答案。回答完坐下后，我发现李老师眼神中流露出的满是欣喜与赞扬，仿佛在祝贺我战胜了自己。那一节课后，我上课渐渐主动了许多，也慢慢感受到主动回答问题的美妙感觉。

陈强——有一次上课，我不知不觉走神了，沉浸在对昨晚精彩电视剧的回忆之中。突然，隐约感觉到王老师"扫描"了我几眼，当时我还没回过神来，仍在"神游"。只见王老师皱了一下眉毛，瞪大眼睛看着我。王老师那严厉的目光犹如一把利剑，惊醒了我。我终于读懂了他眼神里包含的内容："我早已经发现你在开小差，现在给你个警告，要是再这样的话我可要惩罚你了。"我马上清醒了过来，急忙跟上他的节奏。过了一会儿，我发现王老师的目光变得柔和了许多。真正领教过以后，我彻底相信之前同学们说的话——王老师的眼睛会说话。其实我也知道，王老师是为了照顾我的面子，不让我在同学面前难堪，才用眼神来提醒我的。后来，我还从王老师的眼神中读出了更多的内容，其中有赞许、鼓励，也有很多难以用语言形容的感觉。我真的非常喜欢王老师那一双会说话的眼睛。

黄新——有一次上课，我发现桌子旁边有一张纸，便俯身捡了起来。当我抬起头的时候，发现吴老师微笑着看了看我，那眼神好像是在说"你做得很好"。我很开心，觉得老师一直都在关注我。

(2) 举手投足皆语言

李全——有一次上课，因为我的回答与正确答案相差甚远，遭到了同学们的讥笑。尽管老师帮我说话了，但我心里还是觉得很难受。当我失落不已的时候，李老师不知不觉走到我身边，轻轻地拍打了我的肩膀几下。那一刻，虽然他没有说话，但我明白了老师的意思，他是在安慰我。那感觉就像在寒冷的冬天伏在爸爸身上一样，很温暖。我马上把所有不快抛到了九霄云外。当李老师再次提问时，我又举起了手，这次答得完全正确。虽然只是一件很小的事，但我深受感动。要不是李老师的安慰，那节课我肯定没有再举手回答的勇气和信心了。

章新科——我正偷偷在桌子下玩贴纸，突然听到了"啪、啪、啪"的敲桌声，我抬头一看，原来是王老师站在我的桌边，轻轻敲了三下桌子。我急忙把贴纸收了起来。王老师的举动让我想起了《西游记》里的情节，孙悟空的师傅敲了他三下，暗示他三更起来学艺。王老师敲三下桌子的意思就是在提醒我要专心学习。

王全盛——上课了，欧老师一反常态，既没有喊上课，也没有习惯性地扫视全班同学，只顾着收拾讲台（尽管讲台并不乱）。大家开始感觉很奇怪，不知道欧老师葫芦里卖的什么药。当看到值日生小齐红着脸跑去擦黑板时，大家才恍然大悟：原来欧老师是在暗示我们黑板还没擦呢！值日生忘记擦黑板的事情发生过不止一次了，欧老师曾经提醒过，自己也动手擦过，这次他干脆啥也不说了。值日生擦好黑板后，欧老师洪亮的声音马上响起，仿佛什么事情都没有发生过一样。同学们都说欧老师的这招无声胜有声。

古新风——读四年级时，我被很多老师批评，有时候还故意和老师闹矛盾。一次，我上课违反纪律，马老师训了我几句。我也知道自己确实做错了，但心里还是不服气。马老师训完我后，在讲课时走到我旁边，轻轻摸了摸我的额头，好像是在跟我说："没事了，提起精神上课。"马老师的举动给我的感觉，就像是一个做错事的孩子受责骂后被父母抱在怀里哄一样，是那么熟悉和亲切。

（3）诙谐幽默显智慧

康子宁——我非常喜欢上陈老师的课，因为他很幽默。下午第二节自习课，很多同学的学习热情都不高。陈老师说："考考大家，想想赵本山与范伟的小品《功夫》结尾时赵本山给范伟的对联，横批是什么？"很多同学立刻来了精神，大声回答："自学成才。"陈老师继续说到："一寸光阴一寸金。这年头自学成才不容易，如果不抓紧时间，恐怕成才只有在梦中才能实现了。"大家听了，不由自主地笑了，学习热情也高涨了。

陈子才——上课时，小新昏昏欲睡。伍老师说："大家知道十二生肖里面为什么没有猫吗？"大家疑惑地摇摇头。"据说是因为当时猫睡过了头，错过了'十二生肖'的选拔时间。我建议大家以后一定要珍惜时间！千万不要因为贪睡而错过了学习机会，失去一些本来属于自己的东西。"伍老师说完后，大家都明白了他的意思，笑了起来。小新马上坐得端端正正，认真听起了课。

朱樊——有一次上课，我偷偷地看课外书。陈老师突然降低了说话的音量，轻声说："不敢高声语，恐惊读书人。"我听懂了陈老师的"诗"外之音，马上收起了课外书，认真听讲。

常强——上课有一段时间了，我前桌的两位同学一直在玩。毛老师发现后，叫了其中一位起来回答问题。那位同学不知所云，毛老师说："有点难度。需要求助吗？"那位同学点了点头。毛老师接着说："你可以用'向同桌求助'的锦囊"。同桌站起，同样不知所云。"你可用最后一个'向其他同学求助'的锦囊"。毛老师继续说。于是他便请学习委员来回答问题。最后，毛老师说道："锦囊已全部用完，以后的问题要靠自己来回答。"大家都笑了，那两位同学也变得认真起来。

2. 心声共鸣

（1）此时无声胜有声

李老师——暗示是一门艺术。教师应该懂得通过暗示来传递信息，并与学生进行沟通与交流，实现教学目标。课堂上学生常常会思想开小差，随便说话，搞小动作。面对个别学生在课堂出现的小问题，教师是采取狂风骤雨般的批评，还是进行委婉的暗示，更多取决于教师的教育理念与技巧。多年的课堂教学经验告诉我，狂风骤雨般的批评固然立竿见影，但容易造成师生间的隔阂，甚至影响学生的学习情绪，影响教学效果。面对学生在课堂上出现的一些小问题，暗示学生可以收到良好的效果。通过暗示来提醒学生，既能避免对学生的课堂学习情绪造成影响，规避师生的冲突，又能避免打乱正常的教学秩序。换个角度来说，教师运用暗示艺术，其实是对学生、对课堂的尊重。因为课堂上的小问题毕竟是个别学生的异常行为，如果教师处理课堂小问题时不讲究技巧，将直接引起课堂"短路"，结果将损害大部分学生的利益。在一般情况下，学生都能够在接收到教师的暗示后，及时地调整自己的言行。暗示是一种无声的教育，有时比有声的斥责效果更好。

王老师——如果讲课时发现个别学生上课开小差,只要稍微停顿一下,沉默不语或突然提高音量,开小差的学生便会感觉到老师的不满情绪,继而调整自己的行为。

(2) 踏破铁鞋无觅处

张老师——由于成长环境、心理认知与自制力等各不相同,学生的素质也有高低之分。可能有个别学生总会出现一些小问题,而且屡教不改。如果一味地指责,会让这类学生对教师产生敌意。很多人认为,如果学生对某教师有好感时,他就会对该教师任教的科目产生浓厚的兴趣。反之,如果学生对某教师产生敌意,就很难对该教师任教的科目产生兴趣。学生的学习兴趣可能是在瞬间形成的,转变也许就在一念之间。我曾经遇到过一名课堂纪律观念不强的学生,我多次批评、惩罚他,他都没有多少改变。一次上课,他老毛病又犯了。我没有像往常一样点他的名或者是批评他,而是用了几分钟时间对全班同学讲了一个名叫"高山的回音"的故事,告诉他们"尊人者,人恒尊之"的道理。在讲述的过程中,我有意无意地关注他。故事讲完后,他的言行有所改观。之后,每当他与我对视时,我都会给他一个笑容。有几次,我走到他的身边,要么轻轻地摸一下他的额头,要么向他竖起大拇指。他似乎很在意我的暗示,我们终于进行了有效的交流。后来,在我的指引下,他的表现逐步好转,学习成绩也渐渐提高。这一次经历让我感受到,面对个别"老问题"学生,巧妙地运用暗示比斥责更有效。因为暗示不仅是信息传递的过程,也是加深师生情感交流的良好载体,能让许多教育难点问题迎刃而解。

(3) 欲擒故纵真学问

黄老师——对于一些有小问题的学生,其实没有必要大张旗鼓地批评,只要巧妙地给予暗示便能收到意想不到的效果,而且还能既不干扰其他同学,也不影响正常的课堂秩序,又不会对学生造成心理上的伤害。有一次上课时,小旋精神不集中,在下面做小动作。我没有直接提醒,而是随机选了一个答案很简单的问题,提问小旋。当小旋回答正确以后,我说:"回答得非常准确!下一环节的学习当中还有很多问题需要解决,我非常期待你的精彩解答。"其实我并不是想让小旋回答问题,只是在暗示他"你的行为已经被我发现,如果不马上投入学习,后面的问题将难以解答"。之后小旋回答问题积极多了。当发现小旋的问题后,我并没有责怪他,反而给他表现的机会,这种暗示的方法看似简单,效果却明显。我认为,教师需要掌握暗示的技巧。

3. 直言暗示

暗示,是一种行为艺术,其表现方式包括表情、行为、言语等。暗示虽没有一举定乾坤之能,却有画龙点睛之功效。暗示,是温情而浪漫的。一个关注的眼神、一个善意的微笑、一句幽默的话语、一个关爱的手势,瞬间便会起到"心有灵犀一点通"的效果,就能换来一个笑脸,缔造一份温情,让学生愉悦地接受批评。暗示,代表师者的智慧与宽容,它以其独有的特质展现师者的教学艺术,用委婉的方式代替直接而赤裸的斥责,也可以像和煦的春风吹拂学生的心灵。然而,是否所有教师都能把握好暗示的时机与技巧,是否每一位学生都能与教师形成默契呢?究竟教师的暗示还会使学生产生哪些心理?教师在使用暗示手法时还需要注意哪些问题以及掌握哪些技巧呢?

(下)反思篇

笔者在《遭遇暗示(上)·经验篇》对课堂暗示的技巧与作用进行了探讨。暗示可以是无声的形体动作,也可以是有声的信息传递。不过暗示也并不是"万能药"。

1. 学生的话

(1)百般滋味涌心头

黄志强——一次上语文课时,我的同桌小全在搞小动作。我对他说:"不要玩儿了,等会老师发现了会批评的。"小全听了后,说:"关你什么事。"我气愤地将他玩儿的东西"没收"了。刚好老师注意到了我们的小动作,他并没有说话,却用眼神狠狠地注视着我,似乎在说:"黄志强,你是班干部,应该给小全当个榜样,带领他进步,怎么竟跟他搞起小动作来了?"我想跟老师解释,但看到老师愤怒的眼神,只好欲言又止,脸红红地低下了头,当时心里觉得特别冤枉。

小芹——前两次数学测验,我分别考了48分、52分。最后一次测验发回试卷,我上去拿卷子时,老师摆出一副不悦的神情说:"有一位同学两次测验刚好一百分。"全班同学都明白老师话里的意思,纷纷哈哈大笑看着我。我心里很难受,当时真想大哭一场。

陈全——也许是因为我的学习和纪律表现不好的原因,当我与同学产生矛盾时,老师会认定我是罪魁祸首,把责任都推到我的身上。一次上课老师布置课堂练习,我问小辛一道问题。他不但没有回答我,还说我笨蛋,我不甘示弱,"有什么了不起的,不教就不教。"我们正在小声争吵,老师走了过来。小辛忙解释说,"刚才陈全打扰我做练习。"我刚想解释,老师却摆出一副愤怒的样子瞪着我,然后对小辛说,"以后有事跟老师说,别跟无聊的人做些无聊的事。"说完又瞪了瞪我就走开了。我当时心里觉得很受伤。

丘胜利——一次模拟考试我考得不好。张老师跟我谈过一次。但第二次我仍旧考得不好。老师没有找我了解情况,却在班上说"有一些同学学习一直没有抓紧,成绩总是上不去。"我知道他是在说我。但是心里觉得特别不舒服。成绩的提高是需要时间的,我成绩暂时上不去,不代表我学习没有抓紧嘛。

小成——有时,我觉得班主任很虚伪,他常常转弯抹角地批评同学。其实,大家都知道,他这样说是想提醒犯错的同学注意,但采取的方式却让人难以接受。我想对他说:"既然不想让犯错误的同学在大家面前出丑,为什么又要采用一些全班同学都知道的暗示行为呢?这不是'此地无银三百两'吗?这样只会使犯错的同学被取笑啊。与其这样,还不如在私底下批评,而不是采取'虽不点名但又人人皆知'的批评方式。"

(2)众说纷纭道心声

子升——一次,我上课与小强玩,王老师发现了,敲了几下桌子,还看着我。虽然我知道王老师已经发现我的异常举动,但是我并不害怕。因为王老师的"招数"我已经很熟悉了,只要我马上扮出乖巧的样子,就不会受到惩罚。

小芳——小锋经常在课堂上搞小动作，这点陈老师是知道的。但陈老师从来没有批评过他，通常只用严厉的目光瞪一下他。我觉得小锋并不害怕，他都已经习惯了。当陈老师瞪着他看时，他会马上收敛，等老师没注意再继续玩。我觉得陈老师太善良了，对付这类同学，应该让他出出丑！

城城——我觉得一些同学脸皮特厚。老师绷着脸看他们时，他们还能装作一副若无其事的样子。我认为对那些故意打乱上课秩序的同学不用太客气。

雨遥——黄老师很和蔼，教我们三年了，我都没看过她批评过哪位同学。正因为此，很多调皮的同学才敢在她的课上搞小动作、开小差。我想如果总是以为"无声胜有声"的话，同学们只会更放肆。

永芳——其实，很多同学都能读懂老师的暗示，摸清老师的脾性。反而是老师没有读懂我们的心理。那些顽劣同学知道如何巧妙地避免老师的批评，怎样得到老师的原谅，甚至还知道通过怎样的方式确保再犯错误时不被惩罚。难道老师真的没有发现他们是如此的"狡猾"吗？

2. 老师的话

（1）生搬硬套遇尴尬

张老师——暗示是一门艺术，不同的人使用的方式与效果不尽相同。我曾经"复制"某些教师的暗示方法，却遭遇了尴尬。某同事说了一些他在课堂上巧用暗示来提醒、教育学生的经历。我听了认为很有道理，打算尝试一下。上课时，我发现一位同学的手放在桌子下面，认为他在搞小动作，便走到他的旁边轻轻敲了一下他的桌子。本以为该学生会明白我的意图，谁知道他非常疑惑地看着我。后来才知道这位学生上课时并没有玩东西。因为暂时没有动手记笔记的需要，所以将手放在桌子下面，那样会感觉比较放松和舒适。看来，暗示不可生搬硬套，它不但需要技巧和方式，更需要在日常中了解学生的习惯。

（2）过度暗示惹反感

胡老师——暗示的作用很大，但如果使用过度，可能会有反作用。一些教师暗示的对象主要是课堂表现不好的学生。通过语言、行为的暗示让学生领会、转变。但是，如果一个教师对一个学生频频使用相同的方式，暗示的效果会大打折扣。学生可能对教师的常规暗示有了"免疫能力"，对教师的警告或提醒不一定遵从。曾经有一个这样的学生，课堂上喜欢搞小动作，玩东西。开始，我采用眼神暗示的方式还能取得效果，他总会顺从地停止一切违纪动作。后来，多次采用相同的暗示后，他开始对我的暗示熟视无睹，有时甚至还摆出不耐烦的神情来应对。

（3）慈目善心变纵容

利老师——教育不能一味宽容。有时，老师的过度宽容可能会变成纵容。如在课堂上，一些"老问题"学生经常出现违纪现象。一些年轻的教师一味采用简单的暗示来提醒他们。但是，这类学生不但是违纪"资历"老，而且对教师意图的洞察力也很强。被老师暗示后，总会摆出顿悟、害羞或内疚的神态向教师传递"我知错了，我一时把持不住，我一定改正"的信息，使教师不至于惩罚他。教师仅用简单的暗示难以对"老问题"学生产生长远的警醒效果，甚至可能会变成纵容。

（4）恩威并施是关键

陈老师——暗示不但要掌握技巧，更要学会打心理战。学生的思维不同，生长环境各异，接受教育的方式也不一样，要懂得他们不同的心理。如果暗示仅仅只有技巧，效果会大打折扣，有时，需要教师用"威"来辅助产生效果，以"情"来感染、打动学生。教师实施暗示需要站在学生的层面上思考问题，"施恩"以动情，"立威"促转变。能捕捉学生的心理，才能找到转变的切入口，暗示才能药到病除。

3. 直言暗示

暗示，不仅是师生情感的融合剂，还是课堂和谐的催化剂，能帮助教师巧妙地"修补"教育"漏洞"，引领课堂走向。暗示，并不仅仅是三言两语、一个动作、一个眼神、一个微笑那么简单，它透过言行举止可以彰显师者的教育思想，体现出教师对教育教学的掌控能力、教育智慧与技巧。

暗示，既是一剂舒心良药，也是一把双刃剑。用得巧妙，效果明显。

反之，亦可能会出现副作用，致使教师陷入尴尬，与学生出现交流短路，甚至无功而返。因此，教师运用暗示不应随手拈来，随意为之，也不能生搬硬套。面对暗示，教师应做好对象调查与技巧探究，寻找切入口，"对症下药"，方能"妙手回春"；暗示应因材施教，不同的对象、不同的情境要采取不同的暗示手法，方能立竿见影。暗示，还是一场心理战，教师要善于捕捉学生瞬间的心理变化，形成有效交流。

　　将暗示融入课堂，服务教学，固然不能放诸四海而皆准，但也不失为一门值得探究与运用的艺术手法。只要用得适时、巧妙，将会给教学带来一定的推动作用。

班干部，不是"托儿"

"托儿"本是北京方言，出现在上世纪90年代初。《现代汉语词典》对其的解释为"指从旁诱人受骗上当的人"。当前，中国各行各业都出现了形形色色的"托儿"一族，如看病时会遇上"医托儿"，坐车有"车托儿"等等。

2009年中央电视台春节联欢晚会上，刘谦表演完神奇的魔术后，主持人董卿急忙解释——"我不是刘谦的'托儿'"，在趣笑之余，让人不禁感慨，"托儿"已成为了一种独特的社会现象，吸引了社会各界的注意。现在，人们开始把商业社会中新兴的特殊的"中间人"一概称之为"托儿"。

在班级管理中，班干部的作用毋庸置疑。然而，有人认为，班干部是一个吃力不讨好的苦差，他是站在班级制度、班主任与同伴之间的中间人，纯属"托儿"。不和谐的声音导致部分班干部对自身角色定位和职能范畴产生尴尬。

1. 班干部，制度的奴隶？

国有国法，家有家规。班集体也需要有制度辅助管理。班干部是班规的主要执行者，其权力和职能是其他师生与班规制度所赋予的。然而，班内不同成员对班干部落实制度时的"尺度"把握可能会有不同的看法。因此，班干部与班级成员的摩擦难以避免。

（1）现象录播

镜头一：小倪肚子不舒服，第二节课正式上课的铃响了才匆忙跑到教室。班干部小强二话不说，登记小倪迟到。课后，小倪向小强解释，并找同桌作证，小强却说"我是按原则办事"。因此，小倪对小强非常不满。

镜头二：体育课后，小仪由于身体不舒服，趴在桌子上，并向班长说明了情况，没有扣操行分；小张也趴在桌子上打瞌睡，班长提醒他，小张却恶狠狠地说："小仪趴桌子为什么不按规定扣分，我趴桌子就要扣分呀？"小张根本不听班长解释，班长只好一起扣分息事宁人。

（2）观点荟萃

①孰是孰非，左右难为

班干部小花——有些同学喜欢耍无赖，明知有错还强词夺理。如果按规定办，一些同学的确是特殊情况，不按规定办，一些同学又会瞎嚷嚷。

班干部小巴——我们的班规制度上并没有明确说明特殊情况特殊处理，在制度落实上难以有固定的执行尺度。一些同学就趁机钻空子、找乐子、抓小辫子，为难班干部。有时候，我们也无计可施。

小波——班干部执行规章制度不容易，既要讲道理，又要讲"人情"，既要考虑制度因素，又要照顾到全体同学。

②特殊情况，灵活处理

班干部小思——其实制度是死的，人是活的。遇到特殊情况时应该灵活处理，想办法做到既不违反制度，又不放过一些同学的违纪行为。必要时可以当场开展调查，让同学们发表自己的看法，用集体的力量来保障规章制度的执行。

班干部小棋——遇到问题，不能一味依靠制度，而要考虑实际情况。如果眼里只有制度，没有对同学的关心与理解，那就太不讲情理了。同时，作为班干部也要将自己的想法与老师进行沟通，获得支持。

小可——人人心里都有一杆秤，谁是谁非大家心里有数。我认为，班干部在执行制度时特殊情况特殊处理是正确的，这不是无视制度，是灵活运用制度。

（3）即场支招

班集体就是一个大家庭，一个小社会，形形色色的人与事屡见不鲜。班干部的工作确实具有挑战性，管理也有一定的难度。作为班干部，应该学会依靠集体的力量来执行规章制度，寻求同学与老师的支持。在落实制度时，要坚决坚持原则，处理方式上要灵活。作为班主任，应该加强对班干部进行突发事件处理的培训，引导其明确对事件的态度，让班干部在执行制度时有章可循、有据可依。

2. 班干部，教师的傀儡？

班级管理并非是班主任一人就能唱好的戏，它还需要依靠班干部的团体力量。班干部是班级管理的核心，是推动班级工作有序开展的重要支柱。然而，有些班主任采取"独裁式管理"，将班干部置于"傀儡"的尴尬境地。

（1）现象录播

镜头三：班主任对近期班内产生的问题（如数学课上部分学生违反纪律）进行了思考，打算给予违反纪律的同学相应处罚，让班长在班上宣布自己的决定。班长对老师提出建议："当时违反纪律的虽然有8位同学，但主要是因为某某引起的，其他同学是被他骚扰后与其进行争吵的，建议老师将'惩罚全部'变为'严惩个别'。"班主任说："你直接执行，其他的不用考虑。"

镜头四：班长工作有责任心、组织能力强、人缘好，做事有主见。一次，某学生违反了班规制度，班长认为事情不大，自己完全有能力处理。于是，课间马上召集全体班干部商议，决定对违反纪律的学生采取"做好事"（要求违反纪律的人做三件好事）的惩罚方式。班长向班主任汇报这一决定后，班主任却予以否定："该同学是重犯，应该加重处罚。以后有这样的事情不要自作主张，先向我报告，按我指令行事。"后来，班主任还是变更了对该学生的处罚决定。

（2）观点荟萃

①班干部只是"附属品"

班干部小新——有时我很迷茫，班干部应该怎样当？班主任常对我们说："要有主人翁意识，积极参与到班级管理当中。"然而，我们并没有获得老师足够的信任，能做的仅仅是发现问题、反映问题。至于问题应当如何处理，我们并没有"话语权"，纯属"传声筒"。

班干部小利——有时候，我们的决定会随时被老师否定，不仅在同学面前"丢脸"，执行力也逐步下降。

班干部小强——我认为只要乖巧、听话、成绩好，谁都可以当班干部。班干部就像摆设。

班干部小微——我当班干部时间不短了，从来没有直接处理过任何班务，有事向老师汇报、反映就是我的主要职责。难道班干部仅需要做这些工作吗？或许这正是老师的需要吧！

小香——有些人只是打着班干部的"幌子"，同学向他反映问题，他只会说："我向老师反映一下。"既然如此，谁当班干部都一样。

②班干部莫甘当"师爷"

班干部小雯——班干部是老师的"左右手"，一定要当好参谋，为班级管理出谋划策。同时，班干部也不能只当"师爷"，而要抱着主人翁的态度，积极主动落实好工作，更好地为班级服务。

班干部小丘——班干部对自己能够妥善处理的事情应当主动承担责任，不一定非要报告、请示后再行动。别总是耍嘴皮子，要亲自去实践如何解决问题。

班干部小权——我认为班干部不但要积极地去发现问题，及时地汇报问题，还要主动地争取自己去解决问题的机会。在解决问题的过程中取得班主任的信任，提升自身的组织和管理能力。

(3) 即场支招

从镜头三、四的现象与以上学生的观点中不难发现，产生此类现象的最主要原因是班主任的"保姆心理"在作祟。作为班主任，不但应懂得识别人才，建立高素质的班级管理团队，更要懂得运用人才，适度做到"权力下放"，让班干部直接参与班级管理。因此，班主任不应将班干部"束之高阁"，为传递自身管理意愿服务，而应充分利用，发挥班干部的作用，服务班级。否则，班干部只能成为教师的"傀儡""托儿"，成为徘徊在教师与学生之间的"传声筒"。

3. 班干部，伙伴的叛徒？

班干部既是落实班级管理制度的关键人物，又是协助班主任处理班级事务的"多面手"，还是与班级成员朝夕相处、共同学习与成长的好伙伴。由于角色的多面性，班干部在处理班级事务时可能会遭遇伙伴的非议。

(1) 现象录播

镜头五：班干部小李与同学小王是好朋友。一次，小王到网吧玩游戏被小李发现。小王对小李的劝说置之不理，因此，小李向班主任反映了情况。小王受罚，与小李友谊破裂，并冠以小李"二五仔"的"美名"。

镜头六：小新是班上的组织委员。下午上课前20分钟，他发现班上有两个同学在班级里玩纸牌，小新劝他们停止玩纸牌，但违纪的同学对小新的劝告充耳不闻。小新只好与其他班干部一起将其纸牌缴获，并向老师反映了情况。受罚的两位同学怀恨在心，谣传小新是卧底、叛徒。

(2) 观点荟萃

①执行规章制度就应铁面无私

小梁——好朋友也要按原则办事。作为班干部，如果在执行班规制度的时候徇私枉法，是无法得到大家的认同与肯定的。

小伍——如果我违反纪律，班干部对我进行警告甚至处罚，我是可以理解并接受的。毕竟班干部有自己的职责，我们应该支持他们的工作。

小齐——如果是好朋友就可以不惩罚的话，制订班规制度毫无意义，只要跟班干部搞好关系就可以了。所以，我认为执行规章制度就要铁面无私，谁都要为自己的言行负责。

②班干部的眼泪在飞

班干部小李——不严格执行规章制度时，别的同学认为你弄虚作假；按原则办事时，有些同学不理解、不接受，可能伤害同学之间的友谊。班干部的苦衷有谁知道呢？

班干部小积——妈妈不支持我当班干部，怕我得罪人。

班干部小吴——我也曾经被好朋友误解过，关系恶化了近半个月，那种滋味真的不好受。

③冷执行后要热处理

班干部小陈——执行规章制度要按原则办事，不讲人情讲道理。但是，处理后私下要及时进行沟通、真心交流，并寻求理解。我的好朋友小王经常乱丢纸屑，我提醒过他，甚至还帮他捡垃圾，但他屡教不改，无奈之下我对他进行了操行扣分。事后我主动找他说明，还跟他一起去做好事，把扣的分攒了回来。那之后，我们的关系更密切了，他也改掉了乱丢纸屑的坏毛病。

班干部小李——有时候误解是难以避免的，关键是要做好善后工作。我曾经遭遇过同伴的误解，后来，在老师的帮助下，才解除了同伴间的心结。当班干部"落实制度要冷漠无情，也要懂得'热处理'"，就是说执行规章制度后要想办法与同伴沟通,必要时要向老师求助。这样做会减少班干部的工作压力。

小曾——好朋友处罚我的时候,我真的非常气愤,恨他无情。后来,他多次跟我沟通,我也理解了他的做法。

小马——我认为"严格要求才是爱"。以前,我经常迟到,班长都毫不留情地扣我的操行分。当时,我觉得班长十分讨厌。后来,班长每天都绕上一段路叫上我一起上学,我被他感动了,不仅改掉了坏毛病,我们也成了好朋友。

(3) 即场支招

镜头五、六中说明普遍存在一些违纪的学生对班干部执行规章制度后产生不满情绪的现象。针对这个问题,教师应当给班干部打好"预防针",提醒班干部要按原则办事,树立制度的权威和班干部的个人威信。同时,教师还要给予班干部技术支持,指导班干部做好善后工作,从而获得更多的工作支持,使班干部不至于因为严格执行规章制度而与同学产生情绪对立和行为对抗。最后,才能达到"执行时无徇私,执行后不伤情"的理想效果。

4. 班干部,同行如敌国?

有竞争才有发展,班干部之间同样存在着竞争关系。班干部之间产生竞争是好的,包括学业竞争等。但是,班干部之间的竞争并非只有良性因素。有这样一句话:同行如敌国,班干部之间也可能隐藏着很多不利于团结的因素。

(1) 现象录播

镜头七:小貌与小陈都是班干部,成绩都很优秀,他们在同学中威信很高。同学们都喜欢将他们进行对比,如谁的考试成绩高、谁作文写得好、谁比谁更棒等等。久而久之,小貌和小陈心里有了压力,产生了互相较劲的心理,甚至私下跟要好的同学诋毁对方,还故意挖掘对方的不足,向老师打小报告,后来,两人关系逐渐僵化。

镜头八:小张的性格比较内向,小玲的性格比较外向。两人性格上的差异造成处理班务时的不协调。小玲说小张为人懦弱,办不了大事;小张说小玲为人泼辣,不像女孩子。她们各自联合男生女生钩心斗角,在班主任面前互相诋毁、互抓把柄，甚至煽动部分同学"集体起义"，要求班主任处理对方，给大家交代。

（2）观点荟萃

①以和为本，大局为重

班干部小米——同伴之间的友谊就要像高尔基说的那样：真正的朋友，在你获得成功时，为你高兴；在你遇到不幸或悲伤时，会给予你及时的支持和鼓励；在你可能犯错的时候，会给你正确的批评与帮助。班干部之间应该懂得以和为本、相互支持，切莫互相猜疑、妒忌。

班干部小杨——作为班干部，应把"我为人人，人人为我"作为基本原则，树立全心全意为同学服务的思想，以自己的模范行为推动工作的开展，还要学好科学文化知识，率先垂范，带领同学们努力学习、全面发展。没有必要将个人看得太重，更不应该因过于计较个人得失而僵化班干部之间的关系。

小黄——班干部是班上表现比较好的一群人，是同学的榜样，代表班级的形象，凡事应以大局为重，全心全意为班级服务。要不然，难以使大家信服。

②胸襟广阔，海纳百川

小毛——作为一名班干部，要有宽广的胸怀，不能小肚鸡肠，为小事儿发怒。不仅要包容同伴的不足，还要包容同伴比自己优异的地方，虚心向对方学习。

小赵——班干部要能够和各类同学交朋友，在同学中靠谦逊、诚恳、克己赢得信任。应互助合作，珍惜自己为学生服务的机会；凡是要求别人做到的，自己先做到，才能赢得同学的信任与爱戴。

（3）即场支招

学生的好胜心强，有攀比、嫉妒的心理是正常现象。教师应做好一名观察者，发现学生（特别是班干部）之间可能存在的隐性矛盾，及时找到破解之法，将矛盾消除在萌芽阶段；教师更应该做好一名交流者，与产生矛盾的班干部多沟通、交流，强化班干部的服务和合作意识。

视点：班干部，不是"托儿"！

在茫茫大海中，船只的平稳前行，需要船长的正确指挥，更需要水手稳定、娴熟的技术操作。在风浪之中，船长的指挥固然重要，而水手的经验与技巧也很关键。同理，在班级这条大船上，班主任更多的是充当"船长"的角色，是班级的总指挥；班干部担当"水手"的责任，是保证班级正常运行的关键人物。因此，班干部的作用举足轻重，关系到班级的稳定与发展。

班干部是班级全局发展的"智囊团"。马克思曾说："我们知道个人是微弱的，但是我们也知道整体就是力量。"在班级管理中，班主任一个人的智慧与精力毕竟有限，此时，应充分利用班干部的团体智慧，集思广益，引导其积极参与班级管理，另其以一颗"公心"关注班级小事，为班级和谐发展出谋划策，尽心尽力推动班级的全面发展。

班干部，是班级管理的先锋队。传统观点认为，班干部是班主任的帮手、"配角"，这一角色定位导致班干部工作时缺乏主动性与创造性，这也是班主任思想故步自封的一种体现。从现代观点来看，班干部并不是教师的"棋子"，而是班级管理的主角，班级管理的"先锋队员"。因此，班主任要当好导演，引导方向，梳理矛盾，想办法让自己与班干部一起，让班级管理的各个环节都有班干部的参与；要摒弃"保姆心理"，引导班干部走出"无论事大事小，请找班主任"的思想误区。

班干部，是伙伴的贴心人。班干部具有"班级服务功能"，当同伴遇到难题时，班干部给予相应的帮助是理所当然的，帮助同伴排忧解难是分内之事。换句话说，班干部与其他同学在成长路上是站在同一战线上的，是手拉手、肩并肩，同欢笑、共伤悲、共同成长的伙伴，是"忧同学所忧、乐同学所乐"的贴心人。

班干部，是班级和谐的"连心桥"。班干部是班主任与同学之间沟通的重要桥梁。班干部身份特殊，是"班官"，也是学生，是最了解、最亲近其他同学的人。班干部特殊的身份使其同时具备了"修补"功能，当伙伴们产生情绪或发生摩擦时能及时地注入"润滑剂"，调节矛盾、修补裂缝、促进和谐。和睦凝聚人心，团结就是力量，班级和谐的现实基础主要在于班干部。

　　班干部，是同伴成长的楷模。"榜样的力量是无穷的"，班干部是学生群体中的佼佼者，有值得同伴效仿的地方。其一言一行注定比一般的同学受到更多的关注，也直接影响整个班级的班风与学风建设。

　　综上所述，班干部是班级管理中的主角，是班集体最直接的管理者，是学生、教师、班级之间和平的使者，对班级和谐建设起着主导作用。由此可见，班干部，绝不是"托儿"！

一句话的分量

一句话,可以掷地有声,也可以语过留痕。教师的一句话,婉转或直白,谴责或鼓励,都可能直击学生心灵,影响学生。笔者拟借助调查,通过实例深入探究教师话语的影响力。

案例:

铭记于心的金玉良言。

1. 有一段时间,由于家庭问题,我对学习有所放松。语文单元测试后,我看着试卷上那红艳艳的"68分",想起倒数的名次,加上同学的讥讽,我感到无比沮丧。有一天放学后,李老师把我带到学校的花园里,指着旁边已经凋谢的花树说:"娜娜,老师觉得你就像这棵花树一样漂亮。"当时,我的眼泪就出来了,老师接着说:"这棵花树开出的花是全校最漂亮的,现在是冬天,花凋谢了。但是,冬天来了,春天还会远吗?你要像这棵花树一样,坦然而坚强地经历寒冬,到春天开出最美丽的花朵。"真是一语惊醒梦中人!李老师的话给我注入了信心和力量,让我重新振作起来,找回了自信。"冬天来了,春天还会远吗?"这句话我一直铭刻在心,它让我懂得了如何面对失败和挫折。

2. 我整天沉迷游戏,无心学习。有一天,陈老师竟然邀请我玩"对打",结果他连赢三局。接着,陈老师跟我分析了游戏的技巧,并告诉我游戏技巧也需要用知识架构作支撑,包括心理和战术,最后他说:"你可能在这方面天赋不错,但是如果没有文化知识作支撑,获得成功的永远是你的对手。"后来,在陈老师的再三引导下,我不再沉迷游戏,学习成绩也节节攀升。

3. 我借了同学的东西没有归还,曾想据为己有,有同学举报我偷东西。黄老师却对我说："你是拿，不是偷。但你拿走的是宝贵的尊严，你的尊严远远比这宝贵。"当时，我的脸热得发烫，后来老师给我讲了很多道理，我决心改正这个缺点，最后，黄老师在同学面前帮我圆了场。黄老师的话，为我敲响了警钟，让我懂得了做人的道理。

4. 老师说的最令我印象深刻的话是"人生在不同年龄、不同阶段有不同的身份，你现在的身份是学生，任务是学习"。至今我仍用这句话提醒自己，在不同的年龄和人生阶段应做好分内之事。这句话，真的让我受益终生。

耿耿于怀的痛苦回忆。

1. 小学时，我曾经辍学过一段时间。当时，我非常调皮，成绩差，经常缺交作业。一次，老师气愤地说："你想继续读书的话就认真点，要不就退学吧。"听了这句话后，我感觉无地自容，之后就辍学了。班主任多次来家访动员我回校，我最终还是选择了转学。毕业后，一次同学聚会，我跟班主任说起这件事，班主任只记得多次来家访，对那位老师的话却一点都没有印象。长大后，我才明白当时老师是想用激将法刺激我转变。事实上，那句话却成为我心头永远的痛。

2. 小学时我就一直担任班干部，老师们都很喜欢我，麦老师是其中之一，我一直认为自己很出色。一次下午放学前，我打算到老师办公室报告一天的执勤情况。到了门口，麦老师说："小欣各方面都不错。但有时做事情不动脑筋，把一些简单的问题复杂化了。"我听了觉得很委屈，后来，跟麦老师的关系也渐渐疏远了。那句话确实对我造成了一种伤害，至今想起，我的心里仍隐隐作痛。如果有机会，我一定跟麦老师沟通一下，弄明白麦老师说这句话的初衷。

观点汇集

1. 教师的一句话，可能会激励学生进取，也可能是一种打击。与学生沟通交流时，教师的话语有时可能会欠考虑，方法也值得商榷。同时，很多教师也都有同感，面对部分学生，只一味苦口婆心地教育，不采用一些特殊手段，根本没有效果，甚至会灭了教师的威风，助长学生的气焰。为了追求教育效果，教师不得不明知失当而为之。

2. 教师"不能只盯着学生学，还得看着学生教"，这是笔者对因材施教的一些理解。怎么说话、说什么话能起到教育效果，必须从了解并尊重学生开始，从自身开始。但尊重不是纵容，春风化雨的教育方式有时是一种教育策略，多数时候只是投机取巧。因此，只要教师教育的出发点和落脚点是学生，注重做好铺垫和善后工作，注重教育的连续性与完整性，通过适当的语言触动学生心灵，想要达到教育效果还是可行的。

3. 现实中，很多教师都喜欢惯用相似的语言鼓励学生，久而久之，学生似乎对此有了免疫力，对教师的赞美开始无动于衷，甚至觉得无聊。如此一来，教师的话语就变得"廉价"了。因此，教师的教育用语必须要切合教学实际，尽量不要千篇一律，这样才能引起学生的共鸣。

教育用语，不妨"说"出精彩

教书育人，"说"是一门必修课，它贯穿在教育教学的全过程。以上学生案例中的观点只是冰山一角，"窥斑而知豹"，教师"说"的每一句话都可能对学生产生深远影响。因此，教师应把握好语言的力度和效果。这是关乎教师职业修为的一种技能。

首先，要言之有道。一要有道德。师之道深，弟子必尊。教师的语言修养与教师道德密切相关。教师要让自己的话语有分量，对学生产生良好的影响，必须要有道德。教师要在与学生进行日常交流的过程中彰显人格魅力，树立师道尊严，感染学生，成为学生的榜样。教育学生时，话语忌脱离道德，说一些有失教师身份的言语，伤害学生心灵。必须以德为先，做到以德感人、以德化人、以德育人。二要有导向。教师的话语要有明确的导向，使学生明确哪些方面需要发展或改进。如案例2中"你可能在这方面天赋不错，但是如果没有文化知识做支撑，获得成功的永远是你的对手"的话语，直接切中要害，指出了学生存在的问题，轻敲学生心灵，为其今后改正和提高指明了道路和方向，起到了良好的教育效果。由此可见，言之有"道"，才能让学生行之有理。三要有立场。教师教育用语使用的立场应是什么？为了一切学生。通过上述案例可见，教师教育用语或褒或贬，立场都很明显，就是希望通过教师语言对学生产生影响。当然，在教育过程中，不能完全排除有些教师存在私心杂念，极个别教师会为推卸责任等目的而使用语言暴力。如对学生表现无计可施时，为挽回面子而萌生的一些消极想法；或过分追求班级成绩，为了提高班级整体水平而通过语言刺激学生，达到迫使学生退学、转学等目的。可见，在教师教育用语表达的背后，立场何其重要。

第二，要言之有度。一要有尺度。语言要恰到好处才最有效。儿童需要在教师的引导和指导下成长。相对学生而言，教师是一面镜子，如果教师都没有良好的语言修养，也不可能塑造学生良好的语言修为，因此，教师说的话应把握好尺度。教师的教育用语，直接影响教育效果。案例5中某教师"你想继续读书的话就认真点，要不就退学吧"的话，也许属无心之语，是一时气愤说的话，并非真有想让学生转学的想法。然而，由于未能把握好该学生当时的心理状态、情绪，非但没有起到转化效果，反而导致学生萌生辍学的念头。可见，对教育用语尺度的把握何其重要。二要有准度。教师说出的每个问题，要有明确归口。最好采取一事一议的方式，不要"老账新账"一起算。教师对问题的把握要准确，在确定教育方式或表态前，要先了解问题的根源。教师要懂得站在学生的立场，深入剖析学生，他（她）为什么这样做，在想什么等等。发生问题时，作为当事人，学生必然可以大致了解教师的想法。因此，教师要把握好学生的心态，注意调整语速和用词，从而更好地达成教育目的。

第三，要言之有情。即教师教育用语必须有情，必须要以爱为基础，懂得与学生用"情"交流。使用教育用语绝不能让学生（尤其是一些学困生）产生讨厌、厌恶的情绪，教师不应出现不当行为，使用粗言俗语打击学生，伤害学生。教师语言的用情是一种爱学生的表现，但也要注意使用的度。常言道教无定法，因此，教育方式要因人因时而异。当然，教师教育用语中情的表达需要眼神、手势等方面相互配合，才能取得更好的效果。

第四，要言之有人。这个"人"除了是受教育的学生外，还有一个是榜样性人物，如历史名人等。通过教师的语言来引导学生向一些历史名人学习，帮助学生树立榜样，使学生有一个借鉴、效仿的对象。当然，这个"人"的形象的树立，需要其具有足够吸引学生的事迹并且与教师语言相结合，才能真正走进学生心灵，发挥榜样作用。这个人也可以是教师本身，这就要求教师必须言行一致，言中有行。

第五，要言之有理。说理，是教师教育用语使用的重点，也是让学生心服口服并得到感化和转变的关键。因此，教师必须站稳立场——以理服人。

教师教育用语，哪怕是一句话，都可能是一次完整的、成功的教育，成为师生情感的润滑剂，同时，也可能是一个起点或是转折点。但无论如何，教师教育用语能否产生良好的教育效果，关键还是在于教师能否做到言之有道、言之有度、言之有情、言之有人。

教 育，倾 听 心 灵 的 声 音

点石成金的一招半式

　　鲁迅说："一滴水，若用显微镜来看，也是一个大千世界。"集小思，广受益，思考学校管理中的一招半式，洞察小理，感悟教育，往往能有点石成金之功效。

巧解尴尬的沟通之术

案例一：

一个被全校老师推崇的校长居然有一个外号——"官僚"校长！原来，这里面还有一段往事：

A教师和B教师都是学校的教学骨干，曾经因为一些小事产生了摩擦，很长一段时间也没有"机会"复合。

一天，校长把A教师和B教师叫到办公室："上级发来了一份文件，要求选送两位骨干教师参加下个月县里的合作教学竞赛。时间比较紧，我知道两位都是学校里的教学能手，又是任教同一个科目，所以我打算让你们参加，为学校争光。至于选课、设计教案等细节你们两位商量着办。如果有什么困难或者需要，你们可以提出，我一定尽力给予帮助。"

开始，A教师和B教师都不断地推却。校长绷着脸，严肃地说："这次任务重，而且你们是学校的教学骨干，难道连大局为重的道理都不懂？这是对你们能力的一次考核，希望你们竭尽全力把它完成好。完成得出色，有重奖。如果因为人为的原因影响竞赛结果，就说明你们不能胜任，我会考虑让你们到基层锻炼几年。"

看到平时对大家都很和气的校长居然大发雷霆，A教师和B教师憋着一肚子气走出校长室。互相发校长牢骚：

"太过分了。哪有这样当校长的？官僚！"

"是呀！完成不好让我们到基层锻炼几年，有这样当校长的吗？"

……

牢骚过后，她们又互相挖苦：

"谁不知道您是我们学校的教学能手呀，上次参加市里的教学竞赛就得了一等奖,这不明摆着的吗?怎么说不能胜任呢?"

"你还不是一样,多次在镇、县、市的教学竞赛中获得好成绩。"

就在走出校长室,走回办公室的那段路,她们有说有笑,并决心要好好合作,拿出点本事给新校长瞧瞧。于是,她们一有空就凑在一起商量策划,连假期也形影不离,丝毫感觉不到她们曾经闹过矛盾。终于,A教师和B教师的合作在竞赛中获得了一等奖,凯旋而归。

校长又找到她们:"当初决定让你们参加合作教学竞赛时,听说你们其中一个暗地里骂我'官僚'?"两位教师蒙了。校长继续问:"你们俩谁说的?"

"是我说的。跟A教师无关"。

"不,是我说的。跟B教师无关。"

A教师和B教师在争相承认时,刚才还一脸严肃的校长却笑了:"其实,我早听说你们俩闹矛盾了,现在看来没那回事。至于当初是谁说我'官僚'不重要。我自己回想起那天,感觉确实挺官僚的。但是,如果那天我不'官僚'一点,你们能合作得那么愉快吗?祝贺你们!"听了这话,他们都笑了。

从那天起,校长的"官僚"之名远播。

案例二:

王老师因某些原因违反"坐班制"被扣了分,心怀不满,在办公室里大发牢骚:"为什么教师不按'坐班制'执行要扣分,而校长却不用呢?这公平吗?'坐班制'如果只针对教师的话,那校长为什么不相信教师的自觉性呢?实行'坐班制',征求教师的意见了吗?这样的校长独裁、专制!"这时,校长刚好走进该办公室巡查,王老师顿时脸色大变,忙拿起书本奔向了教室。此后,王老师每次远远看见校长,要么抄小路,要么低头装作没看见,尽一切可能避开校长。

其实,这位校长对王老师所提的"坐班制"问题,也有同样的感受,也曾思考过"坐班制"的存废问题,但由于没有了解教师的想法,加上时间有限,就没有深入研究。校长虽然对王老师发难的方式颇感不妥,但也没有记恨,一直想找机会跟他谈谈。遗憾的是王老师每次见到他都是躲得远远的。校长想直接到教师办公室找王老师,顺便听听其他教师的建议,但认为冒昧造访难以让王老师以及其他教师说出心里话。于是，校长想到了一个妙计。

校长对部分班子成员和教师说："王老师在办公室里说'坐班制'不公平，是对教师的不信任。我很惊讶，现在很少教师敢这样直言不讳。不过，我觉得他的话有些道理，想找时间跟他聊聊，可惜一直没有时间。半月内，我一定找机会当面听听他详细的建议，如果切实可行，我会采纳他的意见，取消'坐班制'。要是学校多几个人跟他一样，都肯花点时间为学校提些建议就好了。"

校长的话迅速在学校传开了，王老师听到后，心里踏实多了。渐渐地，见到校长也不躲了，还积极地与同事交换意见，梳理自己的思路和想法，等待与校长进行交流。半月内，校长果然找到王老师，与他促膝长谈，还授权王老师在全体教师里开展关于"坐班制"的民意调查。后来，王老师的建议得到全校教师的认同，他把大家的建议和意见详细地整理好，交到了校长手里。学校采用了王老师向校长建议的"轮班制"，取消了"坐班制"，教师们无不拍手叫好。

在与王老师出现交流困难而又无法当面深入交流时，王校长借"背后话"卸下了王老师沉重的心理包袱，表达了自己对王老师观点的一些看法，暗示他作好交流的准备，同时告诉全校教师，要多为学校发展出谋划策。校长的"背后话"，确实起到了相当重要的作用，缓和了与王老师难以交流的尴尬局面，也间接宣布了他的管理理念——有问题可以当面讲，每位教师都可以为学校发展献计献策。

视点：有效沟通的几大要素

案例一中的那位校长，面对教师之间的矛盾，没有充耳不闻，置之不理，而是以"居高临下"之势压迫之，看似随意挥舞权力的指挥棒，用"官僚作风"迫使教师服从，实则是一种达成沟通、促进和谐的手段。最终，校长的举动得到了教师的理解，究其原因，是因为校长是站在教师的角度出发，想办法解决两名教师之间的矛盾，而采取的办法是建立在对两名教师教学业绩和分歧原因充分了解的基础上。案例二中的那位校长，面对老师的牢骚话，没有采取极端的打压手法，而是对其"牢骚"进行了深入的分析，客观地看待其所提出的问题。而在与该教师陷入沟通尴尬之时，借他人之口，转达自己的想法和意图，不仅消除了该教师的顾虑，还借此将自己的治学理念"公之于世"，引来全校教师的"踊跃参政"，为学校发展营造了良好的氛围和基础。案例中两位校长化解矛盾，达成有效沟通的方法令人拍案叫绝。我们从中也能得到一些启示：

1. 沟通，需要了解。了解是沟通的基础，任何时候，学校人际关系都不能缺少彼此之间的了解。有人说，了解，从沟通开始，换个角度思考，沟通过程也应从了解开始。作为校长，在协调行政班子、学校中层干部、教师的关系方面起着千丝万缕的作用，这就要求校长对学校人员有基本的了解，才能在出现问题时及时采取适当的方法进行沟通，化解矛盾。

2. 沟通，需要真诚。校长是学校的灵魂人物，在与学校人员沟通时应从领导的角色中摆脱出来，与教师平等相待，倾心相交，不讲官话与套话，同时，要懂得宽容，允许有不同的声音，要给对方说话的机会，并能真诚地倾听。用真诚进行沟通，换来理解与支持，化解矛盾。

3. 沟通，需要时机。某人想跟某公司的老总交流，希望通过沟通达成某些意向。他从老总身边的人了解到，该公司老总早上10点、下午4点的时候事情不多。他认为，这个时间段该老总心情一定不错，于是选择了这两个时间段与老总交流、沟通，并最终达到了目的。由此可见，沟通也要讲究时机，要善于在恰当的时间讲恰当的话。校长也一样，在与学校相关人员进行交流沟通时，不妨选择一下适当的时机，为化解矛盾或达成交流创造条件。

4. 沟通，需要用心。虽然校长和教师都在同一所学校，但面对面沟通的机会也不常有。因此，校长要能把握一些小细节，善于采取灵活的方法与教师进行沟通。笔者看过这样一个事例，某教师出差，由于回程天气不好，心里对校长产生莫名的埋怨。但当他收到校长的短信"我刚上网查了，你回程经过的城市天气不好，希望你要注意防寒，别受寒了。这趟辛苦你了。"该教师看了短信后，感受到了校长的关心，全部怨气都烟消云散了。可见，达成有效沟通不一定要面对面交流，关键在于用心。

网络"意见箱"能否"光芒四射"

案例一：

某校在校门口悬挂了意见箱，并在大会中作了相关动员。正直的A教师就学校存在的某些问题提出了意见和建议，也将对某些领导的"牢骚话"写进了信件，并投递到了意见箱中。信件投出后，A教师思前想后，暗暗自责太冲动，对自己的行为感到后悔，担心领导会对他反感，甚至给予报复。但是，一年过去了，领导并没有对他进行报复，反而提升他为年级组长。当时，A教师对学校领导产生敬佩，对其印象完全改观，认为领导不但不记仇，还提拔他，工作上异常卖力。升任年级组长后，领导安排他负责意见箱信件整理。然而，当他打开意见箱后，发现自己的信件仍然躺在里面，仅仅多了一层灰尘。当时，他倒吸一口凉气，赶忙将信件收起来。在他负责意见箱信件收集的时间里，从没有收到意见或投诉。

案例二：

B教师匿名往意见箱中投递了一份投诉信件。教师大会中，校长针对匿名信强调了两点——凡是提意见必须实名，否则对事件的真实性表示怀疑，而且对于学校开展调查造成诸多不便，一律不予处理；投诉者必须对投诉事件内容真实性负责，若发现与事实不符，保留追究权利。此后，全校教师再也没人往意见箱"送礼"了。

案例三：

某校意见箱设在一个角落里，一般没有人留意。意见箱满是灰尘，甚至有了蜘蛛网。别说期望教师往里面投递信件，部分教师甚至并不知道有意见箱的存在。意见箱就这样无声无息地悬挂在角落里，从没履行过使命。

案例四：

某校长要求把意见箱挂在校长办公室门口，美其名曰：方便随时查看意见箱。时间过去很久，校长以为"教师对学校管理的方方面面都很满意，要不然不可能不利用意见箱提意见或建议"。殊不知，很多教师虽然想提意见或建议，但意见箱就挂在校长室门口，谁也不敢"明知山有虎偏向虎山行"，担心被"俘虏"了，没有好果子吃。

成立意见箱，是民主治校的一种手段，它能广集众议，加强和完善学校管理的"漏点"，达到学校管理人人有责、人人参与的良好局面和效果。然而，普通的意见箱只是悬挂在学校里的一个有锁的木箱而已，加上很多人为因素，让教师可望而不可即。面对可能是校长打战术牌的意见箱，教师一般避之不及。很多教师都会有这样一个想法：担心提意见惹麻烦。何况提的意见不一定能见天日，如果石沉大海，无疾而终，岂不是浪费时间，浪费精力？即使提了建议，校长也不一定采纳，还可能对自己造成负面影响，还是不提为妙！所以很多想提意见、建议的老师抱着"多一事不如少一事"的心理，远离"意见箱"。究其原因，我认为意见箱"走场子"现象的出现，除了人为因素外，还有意见箱存在着单一性、缺少交流的密切度和缺乏深入探究的契机的原因，更重要的是缺乏透明度。同时，校长普遍对意见箱并不重视，而是束之高阁，并没有将其作为了解民意、听取民声的渠道，也没有将意见箱作为实施学校管理的手段之一。

既然建立意见箱的本意是优化学校管理，让教师能畅所欲言，不如把意见箱的"锁"打开，增加意见箱的透明度——建立网络意见箱。让教师在网络平台上提意见、建议。

对于网络意见箱的管理，笔者有以下几点建议：

1. 公开网络意见箱的地址和登录密码。

2. 教师登录不必用本名。

3. 在意见箱内成立意见分类的平台，如：对学校制度的意见、建议；对校领导的行为监督；对教师教育教学的建议；对学校某项措施的意见或评论；学校管理话题讨论等等。同时，也能让教师看到"意见箱"的真正意义，感受到意见箱带来的方便与作用，我相信教师们会乐于出谋划策的。现在，多数学校都已经建立了网络平台，相信建立这样的一个网络

"意见箱"也并非难事。

笔者认为成立网络意见箱有以下几个好处：

1. 增加意见箱透明度，消除教师的"不安全"心理，能在平台上畅所欲言。同时，让教师知道自己提的建议能让所有的同事、领导看见，不至于无疾而终。

2. 校长能及时地获知教师的意见或给予答复，也让平台上的教师能有讨论交流的空间，集思广益。

3. 校长能在意见箱平台上了解到师生员工的思想状况和生活等方面的需求。

4. 能对个别中层干部的不合理行为进行监督，建立良好的党群关系。

5. 能促进和融合校长与教师之间的关系，优化学校管理。

网络意见箱的成立，消除了教师的心理顾忌，为学校的自主管理形式敞开了大门，相信教师们会积极踊跃地参与。然而，网络意见箱是校长与教师之间沟通的纽带，是建立交流的桥梁。在教师踊跃参与的同时，更需要校长的"热情款待"。如果校长不光顾，不与教师在平台上交流就会使网络意见箱失去意义。所以，网络意见箱要有校长的重视与参与，才能使教师肯光顾、肯提意见、肯讨论、肯出谋划策。成立网络意见箱后，校长应确定一个交流的时间并向教师公布，让教师感觉到校长的真实存在。当然，校长毕竟公务繁忙，有时不能及时光顾网络意见箱，及时回答教师的疑问等也是情有可原的。但无论怎样，校长都要经常到平台上与教师进行交流，或在平台留言，让教师感觉到校长的重视。相信在校长、教师的共同努力下，一定能把网络意见箱办得有声有色，真正成为学校管理的交流点，学校发展的起点，心与心沟通的桥梁。

要发挥网络意见箱应有的作用，让教师主动地融入学校管理体制，群策群力，达到共同管理的目的，我认为网络意见箱是一个很好的方式。

尊重+合作——教师和谐的关键词

"构建社会主义和谐社会是我党提出的一项重大战略任务，具体落实到学校建设中就是要构建一个以人为本、师生互爱、内和外顺、团结稳定、协调发展的和谐校园。教师是构建和谐校园的重要力量，只有每个教师都能发挥自己的能动性，构建和谐校园才不至于成为空话"。就是说，要促进校园和谐，首要条件是教师之间要和谐。

诚然，教师知识、修养兼备，教师队伍存在着和谐共处的基本条件。但当前教育竞争激烈，给教师增加了无形的压力，也为教师和谐制造了一些不稳定因素。由此可见，构建和谐教师团体和和谐人际氛围仅仅具备知识和修养是远远不够的。我认为，除了学校管理外，和谐教师团体的形成最主要的两个词汇是：尊重与合作。

1. 尊重——和谐的基础。

常言道："尊人者，人尊之。"尊重是人与人之间和谐发展的基础，倘若没有尊重，和谐无从谈起。如何做到互相尊重呢？

（1）"礼"先行

俗话说："礼多人不怪。""你好""早安""再见"等一句句简单的礼貌用语常挂嘴边，给人的是温暖与亲切的感觉。孟德斯鸠曾说："礼貌使有礼貌的人喜悦，也使那些受人以礼貌相待的人们喜悦。"如果不主动跟人打招呼，就会让人感觉冷漠，被误认为目中无人，那样，还有什么沟通可言？作为教师，如果与同事之间筑起"高台"，不相往来，会被认为过于"高傲"，难以相处。一旦产生这样的心理，教师的"和谐意识"就会大打折扣。所以，教师之间相处首先要做到"礼先行"，给同事一声问候，一个微笑。这样，能让对方感觉到热情，乐于与您交流。其次要善用眼睛交流。眼睛是心灵的窗户，与人交谈的时候，注视着对方的眼睛，对方会感觉被关注，这也是一种礼貌的表现。

礼貌是一种沟通的润滑剂，只要善意地、有礼貌地对待别人，别人也会以礼相待。

(2)"智"居中

很多时候，教师们对同一事物的看法会产生不一样的观点，如何才能既能表达自己的想法，又不至于伤害到对方，避免产生冲突呢？笔者认为，需要有智者的思维与行为方式。

如美国一位教师罗恩·克拉克采用这样的办法：在讨论问题的时候，要对其他人的观点和想法表示尊重。要尽可能这样说："我同意约翰的观点，同时感到……""我不同意莎拉的看法，尽管她抓住了问题的核心，但我觉得……"或者"我认为维可多的观察真是太精彩了，他让我意识到……"罗恩·克拉克的办法告诉我们：在交流的时候，教师要用巧妙的方式表达自己的见解，以免造成不必要的心理隔阂。

(3)"真"随后

培根说："礼节要举动自然才显得高贵。假如表面上过于做作，那就丢失了应有的价值。"他的话，说明真诚的重要性。待人真诚是一种积极的人生态度，是人与人之间相处的润滑剂，唯有真诚，才能换取真心，才能形成和谐共处的局面。要建立和谐的关系，首先，要以诚相待，不扭捏造作，不阳奉阴违，这样，才能给人真诚的感觉，产生亲近感和信赖感。其次，要有宽广的心胸。法国作家雨果曾经说过："世界上最广阔的是海洋，比海洋更宽广的是天空，比天空更宽阔的是人的胸怀。"教师要有广阔的心胸，要多理解、体谅、宽容别人。

2. 合作——和谐的核心。

合作，顾名思义是个体与个体之间的交流和配合。这是教师团体和谐发展的核心，也是建立学校和谐人际关系的前提。要创建和谐的校园人际关系，必须要做到"三要"：

(1)思想上要交流

思想一致是教师团体和谐的一种最基本的体现。只有思想一致，才能目标明确、行动同步。如何达成思想一致？交流很重要。首先是领导与领导之间交流。学校管理的统筹者是校长，校长与学校其他行政人员的思想能否保持一致是形成教师团体凝聚力的保障。如果领导与领导之间缺乏交流，很容易造成教师之间的分歧，出现拉帮结派的局面。其次是领导与教师之间的交流。交流的方式很多，关键是领导要摆正心态，不能有高高在上的感觉，要平易近人，才能达到交流的目的。再次是教师与教师之间的交流。教师与教师之间多进行交流能促进思想的契合和感情的融合，为合作打好基础。

（2）生活上要关心

每个人都会在生活中遇到不同的困难和问题，也都需要别人的配合或帮助，教师也不例外。在与同事相处时，相互给予关心和帮助可以拉近彼此之间的心理距离，为和谐关系的建立打下坚实的基础。这种关心可以是精神上的，也可以是物质上的。一个电话，一句言语，一个祝福，都是一种关心的表现。

（3）工作上要齐心

教师和谐与否主要体现在工作方面的合作上。教书育人是教师的天职，教师间的良好配合是学生最大的福音，也是学校发展最强大的动力。然而，分数的竞争是导致教师在工作上难以契合的主要因素。正如社会上流行的一句话：同行如冤家。如果抱着这样的心理，教师之间就会心存芥蒂，合作何从谈起！那么，如何谋求教师工作上的齐心，促使教师互相配合，共创双赢局面呢？

首先，教师要认准一个方向——一切为了孩子。其次是改变教师竞争的形式，要形成一种良性的竞争氛围。虽然现在提倡素质教育，但学校领导对教师评价时还是以分数论高低，最常见的方式是：班与班之间的分差。笔者认为，可以把这种竞争方式改变一下，如以年级科目为单位，变个人评价为总体评价。促使教师之间达成有效交流，谋求好的教育方式，形成合作共赢的局面。

只要教师之间相互尊重，精诚合作，相信一定能谱出校园人际关系的和谐之音，奏响和谐之歌。

校长应学《猫和老鼠》的关系哲学

动画片《猫和老鼠》中汤姆猫和杰利鼠的角色经常颠覆，许多难以想象的画面不断呈现在观众的面前。在此，笔者大胆假想：学校与媒体的关系和汤姆猫与杰利鼠的关系其实有相通之处。

场景一：

杰利鼠整天干坏事，三天两头偷食物，弄得人的家里乱七八糟。后来，主人把汤姆猫买回家，逮住了杰利鼠，玩弄它于股掌之间，并举行了"游行示威"。杰利鼠被"消灭"了，再没有哪只鼠斗胆"捣乱"。

思考：故事中的杰利鼠经常搞破坏，汤姆猫逮住杰利鼠并"游行示威"，成功打击了"鼠"族，遏制了它们的嚣张气焰。如此看来，汤姆与杰利的关系，跟学校与媒体的关系有相通之处：对媒体而言，学校是一个教书育人的地方，是媒体的报道对象之一。学校若不履行职责，发生违背办学规律等现象，造成不良影响的，媒体有责任报道事实真相；同时，学校担心媒体将学校的"污点"公之于众，形成负面新闻。很多学校面对媒体时，就像杰利鼠面对汤姆猫一样，避之则吉。然而，媒体不可能就此罢休。学校越逃避，越是容易成为媒体报道的对象。

场景二：

杰利鼠被汤姆猫逼得无路可走，只好带着仅剩下的奶酪向汤姆"进贡"，活跃关系，汤姆高兴地接受了。同时，汤姆也考虑到长期利益：杰利为了躲避侵害，会不断"进贡"。这样一来，便省去了捕食的时间与精力，享受现成的"美味"。于是，汤姆与杰利达成协议，只要杰利按时、按量提供"伙食"，两者便可以友好相处。从此，杰利起早贪黑"偷食"，汤姆日夜安逸，逐渐"身宽体胖"，曾骁勇善战的汤姆变成了一只"懒猫",再后来,汤姆身体功能退化,技能埋没,全无攻击力,成了一只靠杰利供养的"废猫"。那时起,杰利便不再惧怕甚至敢于欺负汤姆,因为它知道,汤姆丧失了追逐它的能力,更没有了挑战的本钱。

思考:回顾上面的故事,杰利鼠面对汤姆猫的威胁时,假意奉承、委曲求全,向汤姆献媚,汤姆经不住诱惑,坦然接受了杰利的"俸禄",被杰利牵着鼻子走,最后,迷失了自己,丧失了本能。

延伸思考:媒体以还原事实、真实报道为己任,是有社会责任与伦理道德责任的。如果忽视了自身的社会与道德伦理责任,媒体将会像"受贿"的汤姆,被牵着鼻子走。这样的媒体,等于埋没了良心,丧失了伦理道德,无力承担社会责任,成为被杰利鼠算计的"汤姆猫"。

场景三:

杰利鼠是超级明星,汤姆猫是正直的媒体工作者。汤姆第一次采访杰利的时候,遭遇了"冷漠",无功而返。后来,汤姆设法接近杰利,让杰利了解自己的真实意图,得到了杰利的信任,也顺利采访了杰利。汤姆与杰利也因此成了好朋友。

思考:猫和老鼠是天敌,故事中却巧妙地颠覆角色,戏剧性地出现猫鼠和睦相处的情景,其相处的首要条件是达成沟通,相互信任。以此为镜可以看出:只要是真正办教育的学校,办得出色、办出口碑,媒体一定会真实地予以报道,学校也会得到媒体与社会的尊重,赢得口碑。同样,只要是真正为公众服务的媒体也会得到社会各界的支持。正像上述场景中一样:用良心做事,办实事的人会得到尊重,达成共识。

因此,不管是"猫和老鼠"的虚拟故事,还是学校或媒体的真实角色,都说明了一点:各司其职,脚踏实地才是硬道理。

借故事说师资的"短处"经营

故事一：

清朝的军事家杨时斋深谙"长今短之所依，短今长之所伏"的道理，在军中面临无人可用的情况时，他用人用出了名堂："聋者"置于左右使唤；"哑者"令其传递密信；"跛者"令其守坐放炮。因"聋者"耳塞少听可免漏军情；"哑者"守口如瓶，可免通风报信；"跛者"艰于行走而善坐。杨时斋在人才紧缺的情况下，千方百计地用人之"短"，将军中"聋、哑、跛"者巧妙而合理地安排，军中士兵的"短处"都派上了用场，不浪费一个"人才"资源，物尽其用。

故事二：

有一家企业的领导，在注重用人之长的同时，也千方百计地用人之"短"，特意派爱"吹毛求疵"的人担任厂里的质量监督员，让"谨小慎微"的人当安全生产监督员，让"爱讲怪话"的人当厂纪检察员，让"斤斤计较"的人当仓库验收员。使这些平时被人瞧不起的人都有了用武之地，发挥了不可估量的作用，工厂的效益也大有长进。这就是用人之"短"的技巧，把"短处"用好了就是长处。

善于经营他人的"短处"是值得深究的学问。以上两个事例可以给广大学校管理者很好的启迪。人无完人，有所长亦有所短。有能力的领导者往往善于挖掘下属的"亮点"，发挥其特长；而英明的领导者更善于用他人之短。要知道，一个木桶盛多少水不是由最长的木板决定的，而是取决于最短的木板。领导者如果只会用他人之长，不会经营他人之短，可能会浪费"人才"，形成短板。如果学校管理者善于经营下属的"短处"，对学校发展将会产生事半功倍的效果。如何合理经营教师的"短处"？笔者认为关键是树立"两种意识"。

1. 树立"资源合理利用"意识，把教师"短处"用长

教师是学校发展的第一"硬件"，其最主要的任务是传道、授业、解惑，因此，对学生成才与学校发展起着至关重要的作用。然而，寸有所长，尺有所短，并非每个教师都是多面手，有些教师某方面能力有所缺失，就可能会成为学校发展的一块"短板"。作为学校管理者，不能不正视教师的不足，更不能弃之不顾，甚至当成"烫手的山芋"，而应该树立"资源利用"意识，把教师的"短处"用长，从而，更好地推动学校工作的有序开展。达成"资源合理利用"关键要做好两点：

（1）充分了解教师的特点。知己知彼方能百战百胜，要做到教师资源的合理利用，前提是要了解其特点，才能有效地避免"短板"现象的发生。了解每个教师的特点要采取多种方式，且涉及面要广、分析要深入，切不能盲目地根据感觉去判断。应从多方面入手，可采取将日常观察与教师、行政的评价结合起来等方式，尽可能避免主观化、单一性，深层次地挖掘一些教师内在的优势和劣势。

（2）合理地进行分工。在充分了解教师的基础上，管理者要充分考虑学校的实际需求，结合教师的特点进行合理的工作分工，让每个教师都能胜任工作，形成严密的管理网络。但是，进行工作分工时应避免走入"最高行政说了算"的误区，走进"谁大谁正确"的思维管理盲区，尤其注意不搞"独裁化"，要走民主之路，集思广益、群策群力。可以进行具体分工设置全体领导行政商议制度，具体人员安排要经过学校行政以及部分教师代表集体"议"的方式，确保形成最合理的学校管理布局。

以下是本地区某校长对学校师资能源合理利用的典型事例：

有一位数学教师，教学能力不强，其所带班级的数学成绩一直倒数第一，致使学生家长牢骚满腹，纷纷要求为孩子调班。此外，该教师原则性很强，喜欢"吹毛求疵"，不善于交际，与同事关系比较僵。校长在考虑教师分工时颇感头疼，后来，校长通过明察暗访和行政集体商议，并根据该教师做事一丝不苟，喜欢"吹毛求疵"的特点，决定安排其负责学校的后勤与安全管理工作。仅仅是转变了一下工作岗位，该教师坚持原则的作

风和一丝不苟的工作态度就得到了很好的发挥。他坚决执行学校管理制度，防微杜渐、狠抓落实，使学校后勤和安全工作开展得有条有理，成为学校安全和后勤管理取得成绩的主要功臣，后来，逐渐在学校领导和教师当中树立了良好的形象和口碑。

由上述案例可以看出，对教师"短处"的经营是一门学问。重要的是校长要牢固树立"资源合理利用"意识，根据学校的需求和教师的特点安排其从事合适的工作，巧用其短，将"短处"用长。正如一位先哲所说："垃圾是放错地方的宝贝。"在智者的管理哲学里，善于经营下属"短处"，把其"短处""用长"，可能仅仅需要换一个位置便能化"短"为"长"。

2. 树立"资源开发"意识，把教师"短处"加长

每个人的"短处"都存在阶段性，并非一成不变。随着时间的推移，它会在不断地学习中改变，在实践中积累，在总结中提高，在提高中发展。一个有远见的管理者，不但要具备把教师的"短处"用长的管理智慧，还需要具备善于将教师"短处""加长"的能力，使"短处"不再"短"，为学校发展储备人才资源。如何将教师"短处加长"？我认为，关键在于树立"资源开发意识"。

某大集团总裁每年投入大量资金送职员到国外参加培训或组织培训活动，借此加强职员的综合素质，使集团的管理运作跟上了时代发展的步伐，产生了巨大的经济效益。

我们不妨借鉴该总裁的做法——培训。

校长可以根据教师的特点让其参加高层次的培训活动，或多组织一些学习培训活动，让教师有学习提高的机会。当然，无论参加什么级别、类型的培训活动，都要注重在实践中积累经验，逐步获得提高。如对一些教学能力相对较弱的教师，不妨让其多承担公开课，使其在"四课"——精神高度集中的备课、集思广益的说课、预设与实践的讲课、众说纷纭的评课中汲取精华，逐渐形成自己的教学特色，提高教学能力与教学质量；对一些组织能力较弱的教师，不妨让其多参与一些学校组织的大型活动，使其耳濡目染组织能力较强的教师如何挥舞"指挥棒"，有条不紊地组织活动。同时，校长应给予他们亲身实践、当"指挥官"的机会。相信只要善

于创造机会，必定会使这些教师的"短处"在实践中"加长"。

　　李世民曾说："智者取其谋，愚者取其力，勇者取其威，怯者取其慎，无智愚勇怯，兼而用人，故良将无弃才，明主无弃士。"作为学校管理者，只要正确树立师资的利用与开发意识，正视教师的"短处"，个别分析、个别对待，因人而异（用法），用得得当，"短"亦可成"长"。

睿智的赞美仿如扬帆的风

帆船需要风的鼓动才能起航远行。如果把教师比作帆船，那么校长的赞美便是风，它能让教师"扬帆远航"，抵达理想的彼岸。所以，校长应该多赞美教师。不过，如果一路狂风不止，可能帆船又难以靠岸，甚至会离目的地越来越远，那时，风会成为帆船的悲哀。那么，校长的赞美究竟应该和风细雨还是狂风不止呢？

俗话说，听得多了便习惯了，习惯了就会成为自然。如果校长不分大事小事，不管分内分外，凡事一律表扬，那么，表扬和赞美就会变得廉价。被赞美的人可能逐渐会无动于衷，甚至有"谁不知道你把全校的老师都表扬过好几遍了，我是属于落后分子"的想法。更有甚者，会觉得校长虚伪，心里感到害怕，萌生"是不是在暗示我平时做得不好"的忧虑。反之，如果得到一个不轻易称赞人的校长的美言，教师感觉会怎样呢？内心肯定晴空万里。笔者认为，校长对教师的赞美要像风吹帆船一样，做到适时、适度。

1. 当"帆船"需要推动时，风要猛

教师个人素质存在高低之分。在竞争越来越激烈的今天，某方面素质并不突出的教师很少有表现的机会，他们要获得嘉奖很难。所以，这部分教师是最需要校长赞美的。然而，在一些校长眼里，这部分教师恰恰就是"落后分子"，不予以重用是应该的，对其进行表扬也是不容易做到的。如此一来，这部分"落后"教师也便错过了成长、进步的机会。

清代教育学家颜元曾说："数子十过，不如奖子一长。"这虽是家庭教育的箴言，但放在教师管理中亦有其道理。为提高教师的素质，校长应该抓住时机，或者创造时机对"落后"教师及时给予肯定，不吝表扬，让他们产生奋发的动力。校长的赞美就是教师成长的福音，同时也可以辐射到学生，对学校师资能力的加强与学校长足发展都是有益之举，何乐而不为呢？

有这样一个感人的例子：一位教师平时教育教学业绩不够突出，有一次，他的一节公开课成了听课教师"攻击"的对象。该教师红着脸、低着头，表现出一副"失败者"的落寞。校长是最后发言的人，他的评价总体概括为四个字：一是感谢。他说我听课无数，对我来说这是一节赏心悦目的课。整节课由始至终有6个学生回答错误，3个学生搞小动作，11个学生回答正确，授课教师一共16次走到学生群中，对这些孩子做了3个动作——轻抚头发、轻拍肩膀、竖立大拇指。这说明了什么？这是教师与学生离开文本之外的情感交流。这是课堂教学需要具备的一种沟通，是课堂和谐的根本。我也相信这是教师平时与学生交往中自然而真实的情感流露。所以，我感谢授课教师呈现了如此人性化的教学情景。二是希望。希望授课教师能保持这样一种优秀教师的特质，更希望授课教师能进一步探讨教学艺术，将人性美与教学艺术相融合。我期待，但我更坚信！

后来，在校长的鼓励下，该教师全身心投入到教育教学的探索之中，并逐渐成长为当地的一位名师。我认为，在这位教师心理即将"崩溃"，需要安抚、鼓励和支持的时候，校长用充满睿智和激情的话语给了他肯定，使他看到了希望，升起了信心的"风帆"。这位教师能够努力工作并最终成功，是校长刮起"扬帆的风"的必然结果。

2. 当帆船乘风破浪时，风要和

一个人整天沉浸在赞美当中，很容易迷失方向。优秀教师表现出众，经常受到赞美时，容易形成"骄气"，甚至出现不思进取、与同事关系不和等现象，直接影响教师的进一步成长。这好比在浩瀚大海中航行的帆船，如果风只往一个方向吹，会导致帆船面临覆海的危险。

校长是学校发展、教师成长的领航者，做校长要有洞察力，能及时发现"暗礁"，指引优秀教师理性看待成就。那么，如何用赞美提醒教师，并激发教师动力呢？笔者认为要掌握时机，讲究技巧。

有这样一个例子：某女教师在县基本功竞赛（说课、讲课、论文）上一举夺魁，获得了两个单项一等奖和总分第一名，学校、教研部门及同事等自然对其赞赏有加。一个星期后，校长发现这位平时工作细腻的教师做事变得粗心了，与同事相处时也让人有一种"我的观点至高无上"的感觉，出现了不和谐的现象。校长找到这位教师，首先说："你在竞赛中的表现非常出色，为自己、为学校增添了荣誉，也体现了你的能力和魄力，我祝贺并感谢你。"随后，校长对她说了一个关于"帆船与浪"的故事：

帆船与浪有个赌约，以两公里为限，要是帆船能顺利走过两公里就算赢。开始，帆船全神贯注迎接浪的挑战。浪汹涌而来，帆船小心地应付着，忽左忽右，总能巧妙地避开浪的攻击。在化解了几次浪的攻击后，帆船只差100米就到达目的地了。这时，浪平了，帆船观察了一下，高兴地对浪说："你那些招数对我没作用，你认输吧！"刚说完，浪就重新卷起来，一时得意的帆船来不及防备，翻倒在了海里。当时，帆船后悔地想：我完全有能力走好这两公里，只是因为战胜几次浪的攻击后被一时的胜利冲昏了头脑才失败的。最终，帆船沉入了海底。

这次谈话的主旨很明确。校长趁机将话题转移到教师身上，但依然用赞美的语言："你的能力很强，目前已经攀上了一个高峰。"稍一停顿，接着说，"我希望、并且也相信你这次的成功不是终点，而是一个新的起点。"此时，校长睿智的话语如春风拂面，点"醒"了这位教师。

看完这个事例，不禁为校长的细心和智慧喝彩。他不仅懂得从教师的角度看待问题，并且能够运用策略，运用赞美给一时头脑发热的教师适当的点拨，使她认清了自己的位置和方向。

教师的成长离不开校长的赞美，这种赞美是迷人的春风、醉人的花香，能催人奋进；教师的成熟同样需要校长的赞美，它是帆船航行的指引者，是一种舒心良药，能够让人豁然开朗，不断获得新的发展。就让睿智的赞美成为教师"扬帆远航"的"风"吧！

"六子登科"激活老教师

一般从事教育事业几十年之久的老教师，教育教学经验都比较丰富。但有的校长只看到了这些教师年龄"老"，认为其年纪大了没有锐力，他们的教育教学激情已经随着岁月流逝，教学效率也必定比年轻教师要低。因此，校长通常不会提什么要求，更不会有什么期望，而是将其"闲置"起来，甚至看作"烫手的山芋"。校长的"另眼相看"，使得很多老教师也乐得"清闲"，毫无负担地守住"副科"的"一亩三分地"。事实上，校长应该看到老教师身上的另外一种"老"——经验老到。试想，一个从事教育教学工作二三十年的老教师，其阅历、经验何其丰富？要问老教师为什么再没有从教激情，笔者认为有以下主要原因：教育教学的常规工作对经验丰富的老教师没有多大的挑战性和吸引力。从教数十年，老教师对教材几乎倒背如流，对于教学细节都已经烂熟于心，备课、上课对于他们来说简直是"小菜一碟"，日复一日，年复一年，怎么会有动力？那么，如何激活"老教师"，推动学校青年教师的发展呢？笔者认为要"六子登科"。

1. 洗脑子

"洗脑子"即指改变自身的管理理念。首先，要树立"家有一老，如有一宝"的治学思想，认识到老教师在教育教学上的潜在优势，珍惜老教师队伍资源，重视其能动性作用，使用策略激活老教师，让其焕发"第二春"，借助老教师之"老"带动青年教师成长。其次，校长要想办法转变老教师的从教观念，其中，多交流是必不可少的方法，通过交流让老教师洞悉校长的心理，体会到校长的器重，感受到校长的关心，明确自身价值，激发老教师继续积极探索教育教学的兴趣与热情，从而让其摒弃"英雄落寞"的心理，重新扬帆起航。

2. 架梯子

"架梯子"是给老教师创设发挥的平台，帮助老教师从吃老本过渡到勤学勤教（指导年轻教师）的过程中。当前，教师培训种类繁多，但一般是对简单的专业知识、教育教学理论的学习等，对于这样的培训老教师已是司空见惯，老生常谈。若让其参加培训，一些老教师可能认为是多此一举，甚至觉得"无地自容"。事实上，当前针对老教师的培训少之又少。既然老教师对此类培训不感兴趣甚至有抵抗情绪，校长不妨改变思路和方法，让老教师当培训者。这样做既可以借助老教师的丰富经验指导青年教师，又可以让老教师在主持培训的过程中自觉地探索钻研，积极补充新的教育教学理论，实现自身理论更新，一举两得。校长的信任与年轻教师的热情必定使老教师热情高涨，尽心尽力地为年轻教师的成长添柴加火，如此一来，也可以提升学校的师资素质。

3. 挑担子

"挑担子"是指让老教师承担指导新教师成长的重任，利用"老新结合"的结对子方式，发挥老教师"传、帮、带"的作用，推动青年教师队伍的进一步发展。当然，老教师"挑担子"必须要有实质性的内容以及循序渐进的方法。应将学校的老教师与年轻教师进行配对，实行"对口扶持"，提出相关要求。如从指导年轻教师备课的目标开始，到指导青年教师每期上好两节校内公开课；指导青年教师在校刊上发表两篇文章，到在县级以上刊物发表一篇文章等。让老教师"挑担子"的同时也是"压担子"，老教师必定会尽心尽力地指导和辅助"对口扶持"的青年教师取得成绩。

4. 搭台子

"搭台子"是指开展结对子成果演示活动，用以证明老教师的劳动成果。学校应有组织、有针对性地开展结对子演示活动，如开展校内青年教师教学基本功竞赛，开展青年教师论文评比活动等。成果演示活动是参赛者的表演过程，也是老教师指导工作的阶段性总结过程，它能让全校教师真正感受到青年教师的进步，同时了解到指导老师的辛勤付出。

5. 给面子

"给面子"指对老教师与年轻教师结对子所取得的进步与成绩进行记录和宣传。学校应要求年轻教师定期撰写"培训体会"，结合自身感受对指导老师付出的辛勤劳动进行总结。在对指导老师表达谢意及总结得失的同时给予老教师精神回报，让老教师觉得付出是有价值、有成就感的。同时，利用各种方式开展成果展示活动：如利用校务栏宣传青年教师取得的成果，并附上指导教师名号；建立结对子档案册，将老教师指导青年教师的成果记录在册；利用学校教师大会宣传老教师的光辉事迹；利用网络、报刊等形式将结对子过程中发生的典型事例进行广泛宣传。

6. 分果子

"分果子"是指结对子对象分享荣誉与奖励，当老教师"对口扶持"对象获得奖励时，不应忘记背后劳苦功高的指导老师。学校在开展优秀教师等评比活动时，也应设立"优秀指导老师"奖项，把老教师评优评先的考量附加上"指导成果加分"项目。同时，学校要有相关的奖励制度，对结对子过程中取得了成绩的对象进行相应的奖励。

校长，请当好"领路人"

1. 关注"80后"教师的成长起点

"80后"是社会关注的热点，一直以来都被冠以"自理能力差、依赖性强"的帽子。近年来，大量"80后"走上了教师岗位，教师身份的特殊性，使"80后"教师受到格外关注。有新闻媒体报道，由于"80后"生长环境较优越，导致受挫能力相对较弱，对长辈过于依赖，甚至出现了"带着父亲去家访""生病了让父母跟校长请假"等令人啼笑皆非的现象。因此，"80后"教师在教育舞台完美"变身"是教育发展的需要。笔者认为，必须给"80后"教师上好"三门课"。

首先是上好"信心课"。新参加工作的"80后"教师，社会阅历不足，犹如初生的婴儿，面对新环境，新的工作，心理适应期的过渡显得尤为重要。因此，自信心是其专业成长的主要因素。校长不妨给"80后"教师上一节"信心课"，多方面搜集素材，了解他们的特点与特长，收集一些现实中"80后"当好教师的典型例子，甚至邀请同为"80后"的前辈教师为新参加工作的"80后"教师开讲座，讲述成长经历。同时，帮助"80后"教师分析其从事教育教学工作得天独厚的优势，如"容易接受新鲜事物""能够体会现代学生的一些心理需求"等，帮助"80后"新教师顺利度过心理适应期，树立从教信心。

其次是上好"专业课"。教师专业涉及内容广泛，包括学科知识、班主任管理知识及与家长沟通的知识等方面。由于缺乏"专业知识"，"80后"教师会形成莫名的心理压力，而专业方面的成长仅有信心是不够的，校长应当高度重视"80后"教师的专业成长，为其上好专业课。主要方式是"言传身教"，言传即通过开培训班等形式，请资深老教师或当地专家对"80后"教师进行正常课堂教学和日常教育教学管理工作的培训,让新参加工作的"80后"教师尽早了解开展教育教学工作的基本方式与程序。身教即通过学校的一些素材资源,让其感受教育教学工作的氛围,在专业方面尽早成长起来。

再次是上好"尝试课"。将开学初第一个月作为尝试期,可以采取"新老结对"的方式,让有经验的教师担任班主任,"80后"新教师为副班主任,一起备课、家访等,尝试正面接触教育教学以及班主任工作。同时,要求结对的老教师及时对其工作进行阶段小结与相应的指导,尝试期过后进行总结与分析,切实帮助"80后"教师完成尝试期的顺利过渡。

2. 关注青年教师成长的基点

教师是学校发展的第一"硬件"。教师的成长,需要长期的积累与沉淀,校长要重视青年教师的成长跨度,不能操之过急,更不能漠视"小成"。常言道"细节决定成败",重视青年教师取得的一些小成绩或把握住一个小机会,青年教师成长便可事半功倍。

首先,创设小氛围,营造大环境。青年教师成长需要环境,犹如小树苗生长需要土壤,离不开雨露一样。创设青年教师成长的小氛围,是营造良好成长环境的关键。因此,学校要想方设法为青年教师的成长提供土壤,创设氛围。如可以经常组织青年教师参加读书与教研交流活动,让青年教师"品一品、尝一尝、聊一聊";或组成以科组或年级为单位的研究小组开展专业探究与学术交流,将青年教师的"单兵作战"变为"集体行动",变被动研究为主动探索,营造全校青年教师积极探索钻研的大环境,让广大青年教师在探索钻研的成长路上欲罢不能。

其次,制订小目标,实现大跨越。制订一个小目标,实现一个小目标;再制订一个小目标,再实现一个小目标……在不断制订与实现小目标的过程中,青年教师成长才能实现大跨越。因此,青年教师成长不应忽视小目标,而应以小目标为基础,循序渐进。从上好一节级内公开课开始、从写好一篇小随笔开始、从坚持写教育教学日记开始……每实现一个小目标,便成长了一小步,积少成多,每一小步加在一起就等于成长了一大步。当然,制订目标除了青年教师自身的自觉与努力外,也离不开学校管理行政人员以及同事的鞭策。

再次，重视小成就，激发大动力。激励永远是舒心良药，它可以坚定教师成长的信心，激发成长动力。教师曾取得的成绩代表过去的努力，同时也是再进步的起点。因此，要格外重视青年教师所取得的每点小进步，可以给予取得成绩的青年教师适当的奖励与宣传，在肯定成绩的同时鼓励其攀登更高的"学术殿堂"，促使其为实现再次跨越而潜心钻研、积极充电，产生无尽的信心与动力。

最后，把握小细节，成就大气候。青年教师专业成长之路不可能一帆风顺，挫折的背后往往都是有原因的。因此，青年教师要注意把握小细节，勤于思考、实践。努力过后，就好像从迷雾层层的林间走到了开阔的田野，一切都会迎刃而解、豁然开朗。当然，除了青年教师自身努力外，学校行政与同事们的交流与关注，或给予的帮助和指引必不可少。只要留心观察，把握好每一个小细节，青年教师的成长、成熟才会有继续生长的土壤，才可能呈现出良好的发展势头。

青年教师成长，"以小见大"是一个细腻的过程和一种睿智的方式。

3. 关注学校名师的发展点

名师之所以有"名"，必定有与众不同之处，其必定教育成绩突出，素质全面。然而，人无完人，名师也不可能完美。名师也可能会"情绪"化，也会被耀眼的光芒所迷惑，也会与同事间产生心理隔阂，被同行"孤立"；也可能定位不明，认为"一名永逸"，导致教育教学艺术停滞不前。因此，笔者呼吁，校长应重视给学校名师的心进行"恒温"，莫让名师的心"过热"或"过冷"。

首先，为名师的品行"保温"。名师是学校的一面旗帜，学校的其他教师需要优秀教师的带动和引领。对于普通教师来说，本校近在眼前的名师是朝夕相对的，近在眼前的名师带给本校教师的不单是教育教学上的引领，更包含了人格魅力和道德影响力。换句话说，本校名师日常的言行举止、为人处世都被其他教师看在眼里，刻在心上。若名师的道德不高尚，品行不规范，在情感上与普通教师不融洽，那么，如何引领全校教师成长？如何带动学校教研教学发展呢？因此，作为校长要懂得为学校名师（特别是年轻的名师）的道德、品行"保温"，莫让其产生高高在上的"过热"心态。而应引导其形成谦虚的品性,并懂得处理多方关系,增强"亲和力",构筑和谐的"关系网"。

其次,为名师求知欲"保暖"。名师之所以成名,应是在教育教学上业绩突出、优势明显、有所建树的。对于普通教师来说,要达到名师的教育教学造诣确实不是一朝一夕能做到的。因此,一些名师可能会满足于眼前取得的成果,出现"吃老本"的心态。作为校长,要为名师的求知欲"保暖"。让其明白要有所追求才能有更大的发展空间,以免"坐吃山空"。在管理上适当进行调整,发挥名师传、帮、带的作用,使其在传、帮、带的过程中实现进一步成长。要求名师(特别是年轻的名师)深入探究教育教学艺术内涵,提防其在教育教学上出现"饱和"状态,致使求知欲"冷却",要激励名师不断创造事业的新高峰。

视点:教师发展,校长应"有所为,有所不为"

教师的发展需要有方向,更需要有人指导和引领。作为校长,引领教师发展是其不可推卸的责任。然而,责任不等于"包办",校长不应摆出高高在上的姿态,对教师"指手画脚",使教师失去规划自身发展方向的自主权,校长应该"有所为,有所不为"。

重"指导",轻"灌输"。合适的才是最好的,每个人的接受能力与专业素质都有差异,在教师制订自身发展方案时,校长应适度给予指导,但不能过多干涉。切忌将个人的想法一味灌输给教师,或要求教师无条件服从。而应该"到位而不越位,指导而不霸道",深入了解每个教师的特点,为教师制订自身发展规划提供合理的建议,明确其自身发展定位,为其特长发展提供参考。

重"身教",少"言传"。校长指导教师制订发展规划时,"言传"是必需的,更重要的是"身教"。校长不应"喋喋不休"地进行空洞的"说教",使教师产生无所适从的感觉,而应率先垂范,重视对自身的发展规划,且坚持不懈地按照制订的发展方案努力进取。让教师感觉到校长的执着和坚持,让教师受到潜移默化的影响。从而坚定信念,以校长为榜样,努力争取进步,达成既定目标。

重"鼓励",不"轻视"。在自身发展定位上,某些教师可能对起点设定过高或较低。校长不可因某教师定位过高而表现出无视的态度，或对某教师定位较低而斥责其没上进心。这样会让教师对自己的发展规划产生怀疑，失去信心与动力。校长应该多鼓励，不轻视，增强教师自信心。

"有所为，有所不为"是一种策略，更是一种"无为而治"的管理思想与艺术。教师成长，需要校长的有所为，也需要校长的有所不为。

论文"百度现象"的思考与建议

有一位教师年近40了，因为未发表论文错过了多次职称评选的机会。又到一年一度评职称的时候了，该教师如坐针毡：论文，论文从哪里来？好心的同事提醒：上"百度"，百度论文飞满天。这名教师不无担忧：抄袭？若被发现将颜面尽失。同事继续提醒：改头换面，定一个主题后上百度搜索，用A文章的开头、B文章的框架、CDEF文章的例子、G文章的结尾，然后请高手稍微润色即是新鲜出炉的论文，绝无明显痕迹。此教师仍然苦恼：因为他不懂电脑。有同事仗义代劳，一天晚上的时间便大功告成了。自然，该教师得以顺利过关，评上了职称，高兴之余，更是对"百度"赞赏有加。

认真调查，我们不难发现，很多教师已经与"百度"结成联盟，即使是每学期完成一篇论文的简单任务，一些教师也宁愿上"百度"借东风，实施"复制＋粘贴"的简单流程。如此一来，教师论文出现了雷同现象。曾经有这样一个案例：一所学校要推选三篇论文到上级部门参加评奖，要求每一个教师用一周的时间精心准备一篇论文上交学校。论文上交后，评审领导发现，写同一选题论文的教师占了一半，更巧合的是，这些教师的观点几乎相同。

通过以上现象，我们可以看出，教师论文的"百度"现象确实令人瞠目结舌，同时也令人担忧。

担忧一："百度"现象抽空教师的教育思想。教育是培养人、塑造人的工程，教师首先必须是一个有思想的人，才能去培养人才、塑造人才。教师的教育思想除了在实际课堂教学与日常教育管理中形成外，也离不开教师对教育教学过程的思考、反思与总结，这就需要教师在日常教育教学中不断积累，进行论文写作，或是记录教育教学的点滴，而这一切都离不开写作。如果过分依赖"百度"，经常上"百度""批发论文"，久而久之，教育教学的思想便会脱离教师自身与学生实际，导致教育思想功能退化，甚至被逐步抽空。

担忧二："百度"现象阻碍教师的专业成长。"百度"可以是教师实施教育教学的"好帮手"，但教师绝不能产生"事事有百度，事事找百度"的错误思想，以免让自己成为"百度的傀儡"，阻碍专业成长。众所周知，教师的专业成长也是一个在实践中发现、思考、提高的过程。如果过分"膜拜百度"，崇尚"拿来主义"，怎么会有实践，又何来实践可言？因此，"百度"可远观，切勿亲近。

担忧三："百度"现象滋长教师的惰性。教育教学工作虽然繁琐复杂，但教师却正是在这个过程中不断成长起来的。教师的成长需要积累，更需要探索，探索的过程便是实践的过程，是需要付出劳动的。如果教师写论文、备课甚至处理学生问题时都热衷上"百度""复制＋粘贴"，抱着不劳而获的思想，会导致奋斗、拼搏的观念逐步淡化，滋长"惰性心理"。

担忧四："百度"现象成为教育发展的短板。教育教学讲究"因材施教"，当教师的教育思想被抽空时，会滋长惰性心理，习惯了"一切有百度"后，教师对教育的热情与对学生的教育责任感也会产生变化，一些不负责任的教育教学行为会对教育教学效果产生很大影响。久而久之，会导致教育教学质量退步，甚至阻碍学生成长。因此，应该杜绝"百度"现象。

视点：摆脱"百度依赖症"的五大要点

1. 加强理论学习。随着社会的进步、教育事业的发展以及学生对知识需求量的变化，教育也随之发生改变，出现新的问题。因此，教师应树立终身学习理念，努力更新知识结构、潜心钻研业务，用学到的新知识解决问题。在发现问题与解决问题的过程中拓宽视野、提高专业素养，逐步成长为学者型教师。

2. 提高教学水平。课堂教学是教师工作的核心，也是教师写作的一个重要资源库。教师应重视课堂教学研究，深入探究课堂教学技巧。教师教学水平的提高需要学校领导的重视与支持，学校可以多开展相应的教学活动，帮助教师发现教学中的亮点与不足，让教师在实践中提高课堂教学水平，为专业成长提供发展的土壤。

3. 强化职业涵养。教育是爱心与智慧并存的职业，敬业爱生是教师基本的职业涵养。《中小学教师职业道德规范》中提到："没有责任就办不好教育，没有感情就做不好教育工作。""爱"和"责任"是教育的核心，是师德的灵魂。只有热爱教育教学工作的教师，才能全身心投入到研究学生、研究教材、研究课堂教学中去，才能着力提高专业水平和专业素养。

4. 勤于思考总结。没有思考的人生是可怕的，没有思考的教师是难以有所成就的，没有经过思考的教学过程是无法引起共鸣、提高教学质量的。因此，教师要勤于进行有思考的教学，养成思考的习惯，做到课前思考教学设计，课后反思教学亮点和教学不足，总结教学成败，才能逐步优化和发展自身教育教学思维，从而服务课堂教学和日常教育教学工作。也只有在平时的教学中勤于思考，才能在写作过程中迸发灵感，写好教学文章。

5. 坚持埋头苦耕。写作是一件苦差事，特别是刚开始写作时。但只要坚持下来，思维或写作能力都会有所提高。因此，要摆脱"百度依赖症"，敢写、肯写、坚持写是十分重要的，只有坚持，才能"守得云开见月明"。

要摆脱"百度依赖症"，教师一定要加强自身理论修养、提高教学水平、强化职业涵养、勤于思考总结、肯于埋头苦耕。

筑高台，严防赌风污染校园

"万恶赌为首"，赌风盛行对社会造成了很大的"污染"。如今，社会上的赌博风气悄然飘进了校园，污染了中小学生的身心健康。据一些媒体报道，有些地区的学生利用扑克、麻将、台球等手段进行赌博，一些学生还买六合彩，且获得了"效益"。然而，因为赌博，一些学生债台高筑，最终走上偷窃、勒索、抢劫的道路。有时到了某些乡村，会看到很多小孩在聚赌，数目之大让人"刮目相看"。赌风的盛行，严重影响了中小学生正常的学习和生活。也许有些是夸大其辞，但为了学生的身心健康，我们不得不筑"高台"，严防死守，防止赌风污染校园。

1. 依靠社会力量，净化社会环境

随着社会经济的发展、生活水平的提高、娱乐条件的优越和花样的增多，给社会上的一部分人制造了浓厚的赌博氛围。人们已经不满足于单调的娱乐方式，开始寻求刺激。社会上流行一句话：现在，没有刺激的娱乐已经没人玩了，小赌怡情嘛！这为赌博套上了一件堂皇的外衣，有些成人在小孩面前也大赌特赌。他们不会想到在寻求刺激的背后，付出的代价是什么！是小孩儿也耳濡目染，受到"熏陶"，也懂得了怎样寻求刺激。有一些孩子反对家长的行为，但由于势单力薄，往往会被家长一顿臭骂："小孩子懂什么？你只要认真学习就行了，大人的事不用管。"听起来有些可悲。在潜意识里，家长们是为孩子着想的，但因为教不得法，他们并不知道自己的行为已经严重影响了孩子的身心健康。有的家长在玩儿麻将的时候，会督促孩子睡觉，但刺耳的麻将声却严重干扰了孩子的神经，很多时候孩子只能"望床兴叹"。再者，有时大人在嘻哈娱乐的同时夹杂的一些粗俗语言对孩子影响也很大。

所以，学校要加强与家长的沟通，要依靠当地政府、社区的力量，加大监督力度，全民参与，整治赌博行为，净化社会环境，还孩子一个良好的成长环境。

2. 加强家校联系，形成良好氛围

"家庭者，人生最初之学校也。"家庭教育对孩子的影响是至关重要的，所以，家长必须树立正确的教育观念。作为教师，教书育人应不仅仅局限于校园，还应想方设法帮助学生创造一切有利条件，营造良好的教育氛围，让孩子得到良好的教育。

（1）勤家访，动之以情

"亲其师，信其道。"教育的成功离不开家、校的配合，教师要想帮助家长树立正确的家庭教育观，就要深入到学生家庭中与家长进行交流。然而，家长面对教师善意的指正是否会言听计从呢？这就需要教师与家长进行良好的沟通，与家长建立情感上的桥梁。家访是教师与家长交流的一种重要手段，教师都知道，每个学期都应该对学生进行普访一次，必要时进行专访。我认为，普访是必要的，专访更是不可或缺，如果教师想更好地开展对学生的教育（特别是涉及家长教育观的教育），一次普访是远远不够的。诚然，家长对教师是很尊重的，但如果他的观念未转变，那么，付诸行动的可能性也不大。因此，教师要多进行有针对性的家访，才能更好地掌握实施教育的先机。

（2）善指导，晓之以理

教师与家长之间的交流，不应仅仅局限于情感上的融合，更应有对教育方法方面的探讨。陆游有首诗曾言："纸上得来终觉浅，绝知此事要躬行。"说明纸上谈兵不能代替实际行动。要想教育得法、有效，学校和家庭之间必须要有教育方法的契合与交流。教师应在与家长交流的时候，适当给予一些意见或建议，防止家长出现有心无力的情况，同时，也防止家长的教育方法单一、蛮横，达不到良好的教育效果。指导家长进行家庭教育时要特别注意以下几点：①要为学生营造一个良好的家庭氛围；②家长要以身作则，不阳奉阴违；③与孩子多谈心，抓住合适的机会进行教育。

3. 强化管理职能，落实整改措施

学校是教育的主阵地。学生良好习惯的形成，与学校的引导是分不开的，所以，学校要有目的地开展一些宣传活动，形成良好的校园氛围。

(1) 加大宣传力度，加强思想教育

想要严防赌风侵蚀学生心灵，宣传是最有力、最有效的方式。通过系统的、有针对性的宣传，加强学生思想行为教育，营造良好的学校氛围。例如，某校"严防赌风侵蚀学生心灵"的宣传活动做得有声有色，其宣传力度与效果也是对等的，主要宣传方式有：邀请当地公安部门进行禁赌宣传；在校内开展全民拒赌动员、签名大会；开展一系列禁赌活动，包括主题班会、主题板报、主题作文大赛、主题文艺活动等；发起倡议书与禁毒签名活动，形成一定的社会影响。

(2) 实行"阶梯式"教育，逐层逐级渗透

禁赌活动要采用阶梯式教育方式，逐层渗透（即由校及班，由班及小组，小组及个人）。如某校要求班级定期开展禁赌宣传活动：每天要进行1分钟禁赌宣传；每个月进行一次禁赌班会等，力求"广张网，大收成"。

(3) 规范制度管理，确保落实到位

要想执"法"到位，需树"法"之势，还需立"法"之威。要将赌害意识深入人心，取得好的教育效果，还必须有相应的规章制度进行辅助。应在校内制订相应的规章制度和处罚条例，使好赌之人怯"法"、惧"法"，进而守法。

古语有云："以冷情当事，如汤之消雪。"社会上赌风盛行，学生容易受到影响，但只要保持冷静的思维，客观地分析成因，宣传得当，措施落实到位，筑起防范高台，必定能减少或杜绝赌博现象的发生。

教育家办学当防"错位经营"

原教育部副部长陈小娅在教育部小学校长培训中心成立10周年庆典讲话中强调,中小学校长承担着引领学校改革发展、全面实施素质教育的历史重任,要大力倡导教育家办学,把加强教师、校长队伍建设作为未来10年推进教育事业科学发展的重要保障。

教育家是拥有系统的教育思想、个性的教育主张,并在一定区域内有一定知名度的教育工作者。"教育家办学"能将其办学理念渗透到校园的每一个角落,有效促进教师的专业化成长,推动学校良性发展。"教育家办学"主张的提出,指明了教育发展的方向。事实上,学校并非是单纯的上课教学,它还包含许多的社会性工作。校长在管理之余,也要花很多时间应酬。可想而知,校长如果将大量的时间和精力用于不必要的行政事务,"教育家"不再是教育家,可能会沦为"事务家""公关家"。因此,笔者担心,现实与理想的差距,可能对教育家办学形成阻力,教育家们的办学思想和理念难以施展,无用武之地,最终导致"错位经营"。

校长如果终日忙于教学之外的事务,不进一步学习,了解新的教育发展趋势,更新专业理论知识,就会从思想上跟不上教育的发展形势。时间一长,"专业成长、理论更新"就处于真空状态了。另外,校长终日应酬,很多事与学校的教育教学工作没有必要的联系,但作为"一把手",又不得不亲力亲为,导致没有时间详细思考学校进一步的发展,甚至对学校日常事务了解并不多,完全依靠其他行政人员开展工作,逐渐沦为"公关家""应酬专业户"导致校长露面的时间越来越少,变成了"影子校长"。

当然,政府行为也是教育家办学需要考虑的因素之一,这是由政府办学思想与学校实际存在的差距造成的,具体包括学校的人事权等,这些都可能迫使学校工作无所适从，甚至多走弯路。

　　笔者在"教育家办学"的理念倡导之时，存有忧虑："教育家办学"如果得不到实质性的支持，让学校管理运作掺了"杂质"，教育家办学将成为"伪命题"，导致教育家"家不成家"。果真如此，教育家的办学优势会荡然无存。当然，笔者在忧虑中也满怀希望，在教育部的正确指引下，教育家办学会有宽松的环境，也能将教育理念和管理思想通过各种管理细节体现出来；教育家办学不会过多地被政府行为所左右，且有相应的管理自主权，从而，打造学校办学特色，打造教育精品，提升学校教育教学质量。如此一来，教育家办学才能发挥最大的效能，推动学校教育又好又快地发展。

教育，倾听心灵的声音

以小见大的点睛之笔

教育腾飞，需要教师的崛起与学生的发展。校长实施学校管理时应以学生的发展与成才为宗旨，使教师与学生的"双翼"更加丰满，帮助他们飞上梦想的枝头，促使教育实现良性发展。

把安全教育当作日常工作来抓

笔者读过一篇关于学校安全工作的文章，文中校长所谓的安全教育是"尽可能排除安全隐患（体育设施）"。他固执地认为校园安全是由体育设施引起的，于是便要把"祸首"连根拔起。如果从该校长的角度来说，校园的安全隐患还有很多：楼梯里学生稍微不注意就会扭伤手脚，楼房梯级理应拆除；教室的桌椅棱角会把孩子的头弄伤，理应拆除；操场是水泥地，学生容易跌损皮肤，理应……试问：可能吗？学校的主要责任是为了培养德、智、体、美、劳全面发展的人才。但是，校长将学生的娱乐设施当作"鸡肋"，只要学生出现问题就勒令"退学"，这在一定程度上违背了培养全面发展人才的初衷。诚然，加强对学生安全意识和生命意识的培养必不可少，但校长没有剥夺学生受教育的权力。

四川桑枣中学发生地震时，全校师生在短短1分36秒的时间里全部撤离到操场，全校师生无一"阵亡"。究其原因，是因为该校长切实把安全教育挂在心上，并当作日常工作来落实。该学校的一幢教学楼建起只用了17万元，但是为了安全，光加固就花去了30万元；一所2000多人的学校，每星期都进行安全演练。这说明安全教育是实实在在的工作。那么，如何创设"安全管理"和"关注发展"的双赢局面呢？笔者认为可充分利用以下几个载体。

1. 以教材资源为载体，强化安全意识

在我们的教材中，不乏一些与安全相关的内容，也有很多可开发利用的资源。教师要善于结合教材特点、挖掘教材深度、充分利用教材资源，把安全教育与课堂教学紧密联系在一起，结合文本优势，发挥教师主导作用，有目的、有计划、有针对性地把教材中的可利用元素与实际生活巧妙结合，在教育教学中进行提炼，引导学生观察、分析和讨论。将教材里与安全相关的信息扩展延伸到学生的学习生活中，由教材及生活，借文字引导感知。使学生在接受知识的同时得到安全方面的启示，加强安全观念的培养，达到深化安全教育的效果。

2. 以丰富活动为载体，牵手安全教育

开展相关活动是实施安全教育最好的载体。在学校和班级管理中，开展安全教育时要有实质性的内容，要杜绝"口号"式的号召，更不能一味说教。要充分考虑学生特点，善于总结经验，在教育手段和形式上寻求突破。可引用一些事故案例，强化学生的安全意识，如通过广播进行宣传，透过板报反映，借助主题班会进行强化等等，同时，开展丰富多彩的安全教育专题活动，想方设法让学生肯于参与、乐于参与，进一步强化安全意识，提高自我保护能力。同时，形式多样化的安全教育会使学生在参与中获得感悟、体会，会让学生的安全意识得到进一步强化，这比索然无味的说教更有效果。

3. 以环境教育为载体，敲响危险警报

贪一时之快，逞一时之勇，往往是学生发生安全事故的主要原因。好玩是学生的天性，这使他们对身边的环境是否安全缺乏理性的判断：夏天，学生喜欢到河里游泳或到河边溜达；冬天，喜欢挤在教室的某个角落"挤油"取暖；在倾斜的楼梯里表演"空中飞人"；在繁忙的交通要道上，心无旁骛地游玩儿。这些行为都存在着极大的安全隐患，会对学生造成很大的伤害，甚至危及生命。所以，必须要利用身边可能存在危险的环境，进行相应的安全教育，为学生敲响警钟，让他们明白哪些行为会影响到安全，树立"不可为而不为"的安全观念，增强对安全隐患进行合理分析的能力。

4. 以资源整合为载体，降低危险系数

学生由于年龄的关系，自制能力比较低，要把学生在校园里的危险系数降到最低，不仅要有完善的安全管理制度，更要合理地整合资源。

有一所学校处于县城繁华地段，有近2000名学生，但校园面积狭小，连做体操也要分低年级段和高年级段。近2000名学生同时在校园里玩耍时，到处都存在安全隐患，容易发生安全事故。为了降低学生危险系数，该校采用了资源合理利用的办法,具体如下:在校园各处安置乒乓球台;分散安置了两个球场;把单杠、双杠等活动器材安置到了近草坪的空地。这样,由于合理统筹,既保证了学生活动的权利,又最大限度地消除了安全隐患。

安全教育是学校管理的重中之重,校长应想方设法通过多种途径引导学生明白生命的真谛,懂得关爱生命;同时,在学校管理上狠下功夫,尽一己之力,用管理者的智慧与才干保学校平安。

实现"三个对接",赋予规范以生命力

教师——人类灵魂的工程师,这一神圣的光环并非一蹴而就,它是历史沉淀后的精华。加强教师的职业道德是教书育人、为人师表的基础,更是时代发展的需要。2008年9月1日,重新修订和印发的《中小学教师职业道德规范》(以下简称《规范》)是根据历史发展、结合当前时代需求,经过"千锤百炼"制定出来的师德行为的一面镜子,它对教师队伍建设和学校管理起着指导和规范的作用。然而,新修订的《规范》再完善,也离不开教育工作者和教师在实践中赋予其生命力,只有这样其潜在价值才能体现出来。所以,学校应从"提高教师的思想觉悟,树立良好的师德形象"入手,引导教师践行《规范》,更好地推动地区教育发展。那么,如何赋予新《规范》以生命力呢?笔者认为主要应实现好"三个对接"。

1. 加强宣传,全面铺设,实现"校内—校外"的对接

新修订的《规范》对教师的职业道德建设具有指导作用,教师要认真对照,认真贯彻落实。学校更要及时抓住契机,趁热打铁,充分发挥《规范》的指导作用。加强对《规范》的宣传是抓好落实的基础。学校要根据实际情况,因地制宜地采取多种方式突破空间限制,建设好三大阵地,宣传好新《规范》,实现"校内—校外"的对接。

建设校内宣传阵地。学校的"宣传栏"是一个很好的宣传载体,学校应留出空间作为校内新《规范》宣传阵地,可以张贴《规范》条文、宣传教师的先进师德典型事迹以及教师对师德的感悟体会文章等等,通过宣传栏,营造学习《规范》的良好氛围,让师生熟悉《规范》,帮助教师自觉遵守和践行《规范》。

建设网络宣传阵地。开通地区"教育网络"平台,使教育管理进一步

公开化和现代化，为关心教育的社会各界人士及学生和家长进一步了解教育信息提供方便。充分利用这一平台，将新修订的《规范》张贴到网上进行宣传。同时，将学习新《规范》的活动情况定期公布在网上。

建设校外宣传阵地。教师有义务、有责任落实《规范》，家长和关心教育的社会各界也有知情权和监督权。只有学校、社会相结合，才能使《规范》更好地发挥作用。所以，宣传《规范》还需要建设校外宣传阵地。如可以利用横幅、标语等形式向社会作宣传，提高新《规范》的影响力，实现"校内—校外"的对接。

2. 深入学习，全面对照，实现"旧—新"的对接

1985、1991、1997年，我国先后三次分别颁布和修订了《中小学教师职业道德规范》。将前几次颁布和修订的《规范》与2008年新修订的进行对比，不难发现，新的比旧的更全面，更符合时代特征。面对新规范，部分教师可能并未真正适应过来，然而，将教师的思想高度、道德意识和行为规范融入新规范中，实现"旧—新"的对接是我们目前最需要解决的问题。笔者认为，学校要实现"旧—新"的对接，应主要抓住以下两点：

"温故"要"知新"。新《规范》比旧《规范》更全面，更具时代性与可行性，而旧《规范》是新《规范》出台的基础。想要更好地引领教师实践《规范》，学校应在教师对旧《规范》认知的基础上，进一步抓好对新《规范》的学习。如利用好教研会议和课余时间温习旧《规范》，深入学习新《规范》；开展丰富的新《规范》知识学习活动。如新《规范》知识答疑、新《规范》主要内容问答竞赛等，达到温故知新的目的。

"知新"更要"明新"。对《规范》的学习远不能只停留在纸上。要了解新旧《规范》在文字上的异同，更要了解新旧《规范》条文上蕴含的理念。只有明白以"新"换"旧"的原因，才能化纸上条文为学校全体教师的共同行动。首先，组织教师将新旧《规范》进行观点和文字上的比较。如在"为人师表"一点上存在哪些不同，与旧《规范》对比增加或完善了哪些观点等。其次，组织教师开展对新旧《规范》理念差异上的讨论。如《规范》上观点形成的社会和教育背景等。再次，针对新修订的《规范》对教师的要求组织探讨活动。通过多开展有针对性的活动，让教师了解新修订的《规范》，实现"旧—新"的对接。

3. 完善制度，全面实施，实现"理论—实践"的对接

《中小学教师职业道德规范》能否真正成为教师教书育人、为人师表的坐标，唯有在实践中才能体现。如果只是对文字进行探究，《规范》的修订便失去意义，失去存在的价值。因此，学校要努力完善各种制度，依靠有效的策略，努力实现《规范》的"理论—实践"的对接，赋予《规范》以生命力。

更新观念，勇于自查。开展自查有利于发现问题和确定修正方向，有利于学校管理和自身发展。因此，学校要更新观念，走出"不出问题就没有问题"的误区，大力挖掘教师中存在的师德问题。引导教师自觉将《规范》作为教师行为的坐标，加强学习、勤于反思、不断提高。

根据实际，善于拟制。无规矩，不成方圆，在实践新《规范》的过程中，学校应根据实际情况制订相应制度辅助管理，让教师践行新《中小学教师职业道德规范》时有章可循。同时，制订对应的表彰制度，树立榜样，引领教师践行新《规范》。

落实措施，勤于总结。在实践《规范》的过程中，学校要率先开展总结活动，对学校行政和教师的职业道德行为进行阶段性小结和全面性总结。通过开展总结活动，提高和完善学校管理，实现《中小学教师职业道德规范》"理论—实践"的对接。

对评教管理有效实施的三点建议

学生评教是指学校组织学生对教师的教学行为及其态度、水平和效果等方面进行评价的活动。目前，学生评教在我国各学校如火如荼地开展着，并逐步成为许多学校的常规性制度。学生参与评教活动，是学校民主、科学管理的一个重要体现，也是培养学生主人翁意识的良好途径。然而，一些学校在实施学生评教中凸显出来的问题确实值得我们深思。笔者认为主要问题可概括为"三不"：

1. 起步不稳。部分学校实施学生评教大多数"不读文件、不听意见、不据校情"，对其内涵没有进行深层次的探究，甚至对"主旨是什么""载体如何构建"等实质性内容都没有思考，就匆忙展开学生评教，使学生评教成为无本之木、无源之水，无法发挥辅助管理的作用，解决不了学校面临的实际问题。

2. 主次不分。有些学校在实施学生评教的过程中，只重视学生的主体作用，忽视教师的主导作用，教师并没有发挥出纽带作用；有些学校在学生评教的过程中只宣传成绩，不总结不足。

3. 举措不力。①实施机构不全面。有些学校对民主评教的开展只停留在嘴上，实际工作中却不重视。学校没有成立相应的机构实施评教，也没有建立有力的领导机构，那些没有领导作用的民主评教只是空谈。②缺少策略支撑。有些学校没有深入调研、分析，也没有规划出适合学校的评教要点，导致"民主评教"如"无米之炊"。同时，学校由于经济问题，在民主评教方面的激励政策也很少，甚至根本没有列入重要议事日程。

那么，学校评教活动应如何实施才有效呢？

1. "生为本师为纲",强调梯次管理

(1) 由师及生,强调梯次管理。教师是学校管理沟通的桥梁。评教模式的管理运作层面应是校长—老师—学生(家长)—老师—校长,如果变成校长—学生(家长)—老师,教师便无法发挥纽带、桥梁作用,导致管理章法混乱,学校稳定的局面也被打乱。所以,学生评教在重视学生主体作用的同时也应充分利用教师的纽带作用,由师及生,逐级进行评教培训,明确评教目的和实施方式,逐渐形成人人参与的良好局面。

(2) 由轻入重,管理逐步升级。万事开头难,制订和开展"民主评教"活动内容更要注重层次性。具体实施时应由轻及重、逐步升级、逐步完善。①由小至大。学校实施"民主评教"前应充分考虑学生接受能力,由小及大。首先在小范围内开展评教——班级评教,动员班主任率先组织开展班级评教活动。可以从小组评教或学科评教等形式入手,让学生初步适应评教方式,再逐步深入,开展大范围的学校评教活动。②由窄到宽。评教内容起点不宜过高,可采取以点带面的方式,由小的方面入手,再逐步扩展为对学校校风、校容等方面的更全面、更深入的评教。

2. 紧扣策略辅助,强调言行一致

"无规矩不成方圆"。要使学校"民主评教"管理取得良好的效果,要有相应的策略进行辅助,同时,它也是学生评教活动开展的保障。笔者认为要遵循"七个坚持"和"三二一政策"。

(1) "七个坚持"。

坚持以学校为中心的原则,研究学校的发展方向,创设良好的校风、校容。

坚持以公平、公正、公开为原则实施评教活动。

坚持有则改之、无则加勉的态度,开展批评与自我批评,积极寻找问题、解决问题。

坚持加大评教整改力度,从严抓好落实。

坚持防微杜渐的工作态度,尽量把问题扼杀在萌芽状态。

坚持求真务实,讲真话、办实事。

坚持一月一大报,一星期一小报,大事及时报的原则。

（2）"三二一政策"。

三大奖励：对提出有建设性建议的教师和学生进行奖励；对开展评教活动氛围浓郁的班级或个人进行奖励，并作为评优评先的重要条件之一；对发现整改问题，并勇于改正，且效果明显的班级或个人进行奖励。

二项警告：对评教过程中徇私舞弊的班级或个人进行警告；对评教中发现严重问题的班级或个人进行警告或勒令整改，屡教不改者给予相应处罚。

一个注意：对所制订的原则和政策措施要注意大力实施并严格执行，切忌言行不一。

3. 善于宣传总结，强调查漏补缺

学校"民主评教"管理的实施不仅需要理论的支撑，更离不开合理的宣传和对实践经验的总结。笔者认为，要使"民主评教"在学校管理中发挥作用，要做好以下两点。

（1）善于宣传，突出亮点。

良性的评教宣传能激发广大师生的参与热情，我认为要做好以下两点宣传工作。

①做好阶段性宣传。

评教初始阶段：宣传政策和方针；

评教实施阶段：宣传典型；

评教总结阶段：宣传成果。

②利用好宣传载体。

利用学校橱窗宣传。在学校显眼处设置宣传橱窗，对评教方针政策、实施过程中的先进典型等用张贴的方式呈现出来。

利用大会表彰宣传。通过教师大会或学校师生大会把评教中取得良好效果和表现突出的个人进行宣传，树立典型。

利用奖励宣传。加大物质和精神的奖励力度。如对评教中有良好表现的班级、个人优先评为先进集体或个人，对评教中效果好的班级指导教师酌情提高福利奖励等。

（2）加强总结，查漏补缺。

①校长、学校中层干部和教师要认真对照评教条例，开展自我批评。

②教师要在班内实行一星期一小结，一月一大结的策略，查找不足。学校每月要开展"民主评教"月结例会，总结成绩，查找不足。

"学生评教"的目的就是督促教师改进教学方法、完善教学内容、提高教学质量。只要善用评教，就能对学校管理和教学工作起到一定的促进作用。

校长——青年教师发展的"关键先生"

青年教师接触工作时间短、经验不足，难以快速成为学校发展的"支撑点"。但不可否认，青年教师是学校极具潜力的后备力量，对学校发展起着至关重要的作用。那么，校长如何当好青年教师发展的"关键先生"呢？

1. "威逼利诱"——当好青年教师成材的助推器

（1）施"强权"，"威逼"青年教师积极探索教学。

①拟定目标，给青年教师的心理施压。凡是新进的青年教师就让其接手"潜能班"，并给青年教师拟定指标，如争取在短期内整顿好班风，争取让班级成绩赶上年级总水平，争取在期末评上文明班。对于青年教师来讲，校长的信任是压力，更是动力。他们对于校长拟定的目标会感到"受宠若惊"，生怕自己的工作不到位辜负校长的期望，于是便会埋头苦干。

②调整指标，给青年教师的成长施压。当青年教师逐步适应教学后，校长要及时调整指标，如让班级成绩争取超过年级总水平，承担一节镇的公开课，或在市级以上报刊发表文章等。青年教师有了成功的经历，尝到了甜头，对校长下达的指标便会欣然接受，教育教学事业就会有所发展。

③阶段检测，给青年教师的热情施压。校长每学期都应特别"照顾"青年教师，定期或不定期对青年教师的课堂教学与班级管理进行检测。以督促青年教师提高教学水平。

（2）巧立制，"利诱"青年教师努力提高业务。

①建立奖励制度，"诱惑"青年教师积极钻研业务。除了"威逼"青年教师积极探索教学外，校长还要注重"劳逸结合"，最大限度地"利诱"

教师。可在学校制度方面进行规定：教育教学成绩优秀者评先进时优先；当年在省级以上发表文章者评先进时优先；教育教学成绩与业务突出者福利待遇酌情提高 10%～30%。这样的奖励可以使新参加工作的青年教师获得鼓励，从而提高工作热情。

②加大宣传力度，"引诱"青年教师努力探索提高。除了以上所讲的几点外，还要有更"艺术"的策略——宣传。宣传的手段可以多种多样，召开大会表彰，加强对教师的表扬，特别是对于青年教师更应有功必报。开设"先进橱窗"，在学校教师先进栏里除了有长期的"成果公布栏"外，再设立短期成果展示栏，该栏目一般可两个星期替换一次，有突出的事迹可不定期张贴。这样，不但展示了教师的成果，同时在教师、家长、学生中很好地树立了青年教师的形象。开展教学开放周活动，每年向上级教育部门申请开展教学开放周活动。选任授课教师时采取"新人优先"的原则，借此刺激青年教师产生"虚荣心"与责任感。

2. 悉心呵护——制造青年教师发展的动力之源

（1）生活上关怀备至，促使青年教师轻"心"上阵求发展。

青年教师涉足社会时间不长，各方面条件还不稳定、不成熟，生活上难免会遇到难题，工作与生活之间容易形成矛盾。面对生活压力，滋生"教师工作、生活过于平淡"的想法，甚至产生埋怨情绪，逐渐变得懒散、缺失责任心，影响工作效率。那么，如何才能为青年教师减轻生活与工作上的负担呢？

①重交流疏导，"绿化"青年教师困扰的心。面对青年教师可能或已经存在的心理困扰，校长应该注意做好以下几点：

事前多交流，防微杜渐。以自身经历为例，把青年教师可能遇到的问题梳理好，在平时的交流中有目的、有针对性地进行预示，使青年教师有一定的心理准备，增强"免疫"能力。

事中多引导，突破困境。当一些难以避免的问题出现时，校长应采取主动帮助的态度，多关注、多交流，想方设法引导青年教师走出思想困境，坦然面对生活与工作中的冲突。

事后多总结，积累经验。校长应指导教师及时总结，把经历变成经验，使青年教师再面对类似问题时，可以多一份从容。

②重经验介绍，淡化青年教师"公""私"矛盾。校长也是由普通教师一步一步走上领导岗位的，因此，对教师工作很熟悉。校长在成长经历中的经验都是青年教师成长的宝贵财富，校长要善于利用这一资源，淡化青年教师"公""私"矛盾。

结合自身经历，当好青年教师的向导。大多数青年教师都会遇到如何处理工作时间和家庭事务之间的问题。校长应引导青年教师合理安排工作时间、优化工作方法，提高工作效率。如引导其制订工作时间表，使其工作有条理，生活有节奏，最大限度地减少工作和生活之间的矛盾。

结合自身感悟，当好青年教师控制情绪的"明灯"。青年教师很容易将生活情绪带进工作而影响工作。校长可以把自身累积的工作和生活感悟与教师一起分享，指导其清楚认识生活和工作的异同，从而懂得如何驾驭情绪，做到工作、家庭两不误。

③重实质辅助，激化青年教师的进取意识。在青年教师自我发展的过程中，汲取优秀教师的成功经验是必不可少的。如何获得这些先进理念与知识呢？要多看、多读、多思、多写。然而，青年教师面临着经济问题，除了日常开支外，很多教师可能很难有闲钱购买书籍。校长应注重对青年教师精神食粮的实质性辅助：学校可以出资购买相关书籍，开设教师阅览室，扩大图书利用率；甚至给予青年教师物质辅助，把一些相关的重要书籍赠送给教师，尽力帮助教师学习和提高。

（2）工作上适度"偏爱"，促使青年教师加速发展。

①加大政治培养力度，吸引青年教师加入党组织。尽可能发展有思想、有抱负、有能力的青年教师加入党组织，使其认识到学校对其工作的认可与关怀，提高其工作积极性。

②创设特长发展环境，制造青年教师露"锋芒"的机会。多开展"青年教师特长展示"活动，推动特长发展；让青年教师多参与公开课，积累经验；让青年教师多参加良好的教育教学培训，提升教育教学业务水平。

③关注业绩，加强展示，构筑青年教师成果展示平台。尽可能利用学校环境资源，在校园内设立"教师成果展示栏"，把教师所取得的成绩和荣誉张贴上去，扩大青年教师的影响力，激发教师更大潜力，产生更强的发展动力。

3. 提供青年教师发挥特长的大舞台

（1）宽容以待，提供有特长青年教师发挥才能的平台。

年轻是一种优势，同时，也是弱点。校长要宽容以待，不能因为教师身上存在缺点就对其产生怀疑，质疑其工作能力。

对曾经犯过错误的、有能力的青年教师，只要有悔改的决心，应该给予其施展才华的机会。

对一些性格孤僻的青年教师，要进行呵护和关心，充分挖掘其优点，发挥其特长，提供其展示才能的平台。

对一些思想不成熟，不遵循学校制度或对领导存在偏见的青年教师，要多与其深入交流，听取建议。并对建议酌情分析，根据实际情况进行调整，有些可以委以重任，让其展现才华。

（2）用人不疑，提供优秀青年教师发挥才智的舞台。

在学校管理中，要避免只任用与自己关系"铁"的教师而忽视其他贤才。选用中层干部要做到民主，用公平、公正、公开的方式，让有能力、有魄力、综合素质好的青年教师担任。学校管理要民主，集思广益是民主治校的重要体现。校长应善待每位教师的建议，利用广大教师（特别是青年教师）的智慧将学校管理推上一个更高的层次。

校长要以信任为前提，大胆地给予青年教师尝试的空间，不应因为青年教师年轻、无经验而限制其创新能力的发展。

4. 智慧引领——构建青年教师发展的"关系网"

教师与教师之间存在着隐性"矛盾"，因此难免会产生摩擦、影响和谐。在培养青年教师的过程中，校长应注意构建青年教师发展的"关系网"，引导其协调多方关系。

（1）策略上求"新"。

校长要在日常管理策略上求"新"，引导青年教师认识到，要想获得成功，除了自己的不懈努力和付出外，还需要同事们给予帮助。积极推动学校青年教师与其他教师之间形成和谐的关系。可以定期开展成果汇报会，总结经验、交流体会、感受成功、共促和谐。在汇报会上，每一个获得殊荣的教师都可以向曾经给予自己关心和帮助的同事表达谢意，让每一个人都感到高兴，共同分享收获的喜悦。

（2）情感上求"全"。

教师与教师之间要形成良好的关系，除了日常的工作交流外，生活上的互相关心也是不可或缺的。校长要引导青年教师养成谦虚的品性，与同事之间处理好关系，在日常的工作中免除后顾之忧。每到节日时，校长应主动到教师家中，与教师聊天，了解教师家庭生活情况，同时，动员教师间相互走访，形成学校领导与教师、教师与教师之间的良好关系。

（3）交流上求"真"。

以诚立信，以信为本。青年教师要树立良好的信誉及工作威信，除了需要有过硬的教学基本功和突出的工作业绩外，个人的诚信也很重要。校长要引导青年教师形成诚信的品质，树立其良好的道德形象和口碑。

校长，需要做好明天的打算

校长，既要为学校当前的教育服务，也要为学校、教师和学生的未来负责。一位做好眼前工作的校长是一名合格的校长，而一个思考明天、谋划明天的校长会是一名优秀的校长。笔者认为，只有为未来做好打算的校长，才有可能真正搞好今天的教育。

1. 为学校未来的发展规划定向

"教学工作是学校的中心工作，教学质量是学校安身立命的根基"，我们只要时常关注教育教学类刊物，就会看到类似的"行动指南"式言论，校长关注学校教学工作固然重要，也无可厚非，然而，教学质量决不能成为"学校的生命线"，这样容易使教育目的功利化、效益化，演变成"唯分数""唯考试"论的应试教育行为。校长不应在自己服务本校的任期内过分着眼于教学业绩，而应该将眼光放在学校未来的发展方面。因此，校长一定要做好学校的未来发展大计。

（1）审时度势，了解教育发展态势。

校长是学校的决策者，了解、掌握教育方针与动态，是推动学校良性发展的前提，也是校长的必修课。校长应以科学发展观为指导，在符合教育形势发展的基础上，将学校带上一条可持续发展的道路，规划未来的发展方向。当然，不学习就无法占领教育理论的前沿阵地，校长应当加强业务学习，及时给自己充电，深入了解教育发展现状，为管理决策提供有价值的参考。

（2）掌握现状，寻找学校办学优势。

"合适的才是最好的"，学校的办学基础和条件各有不同，一校的发展定向不应过分借鉴和参考名校的发展经验。校长要在充分了解当前教育发展现状的前提下，掌握学校的发展现状，明确自身优势，为学校发展定位和规划提供参考，并沿着这条主线培植学校的核心竞争力，逐步形成办学特色，这也是学校获得可持续发展最基本的要素。

（3）结合实际，制订学校发展方案。

在教育改革和发展的新形势下，学校要依托本地教育资源，发挥自己的优势，打造品牌学校。品牌学校的发展离不开科学的发展规划，校长要掌握当地发展实际（包括区域教育发展需要和本土教育特色等），在了解学校的优势和潜在优势的前提下，思考一切有利于学校持续发展的良性条件，制订学校发展定向方案，并坚定不移地朝着这个方向出发，打造属于学校的教育教学品牌。

规划学校未来的发展方向，是职务校长和职业校长的区别之一。只有把"校长"作为一项事业而工作，校长才能致力于学校的长期发展，也只有这样，才可能当一名好校长。

2. 为教师日后的成长指引导航

教育是培养人才的工程，要培养高素质人才，先要有培养人才的"人才"，即教师。教师素质的提高是教育发展的幸事，是学生成长的福音。校长不应让教师迂回在应试教育的"羊肠小道"，将教师置于"唯分数论"的"沼泽地"，禁锢教师的发展。校长要创造教师发展的大氛围、大环境，引领教师走向专业提高、创新发展的道路，这样教师的成长才有足够的发展空间。因此，校长要着力导演好"教师的未来发展"这出戏，走好以下三步。

（1）读出思想——引导教师勤"四读"。

读书能改变教师的精神、气质和品性，增长教师职业智慧，迸发创新思维的火花。"四读"总体概括为"读书读报，日读夜读"。

①创造读的条件，为教师阅读"开绿灯"。以学校的名义，以分组订阅等方式订阅教育教学类书报，增加教师阅读量，扩大其专业知识面。提供读书的环境，开设教师阅读室。为教师创建一个阅读平台，让其能较全面地阅读到专业报刊，保证阅读时间和质量。

②形成阅读习惯，定期或不定期开展阅读交流活动。校长应组织教师进行阅读交流活动，如以学科组为单位，结合近期吸收的新的专业知识进

行座谈交流等。让教师在交流阅读体会和心得的同时，逐步形成良好的阅读习惯，在校外也能自觉地阅读。

（2）训出本领——"五子登科"助成长。

①"搭车子"——走出去，请进来。组织教师走出去与外校教师互相交流、切磋，开阔眼界、提升能力。如可以组织教师跨校进行观摩学习或到其他学校进行教学交流切磋等。

②"捆绳子"——互助共进。如可以采用师徒结对或科组责任制等方式进行，一方面可以让年轻教师在教学上少走弯路，迅速成长和成熟；另一方面可以让教师之间"荣辱与共"，相互影响、互助提高。

③"照镜子"——自找毛病。如有条件的可以对教师的课堂教学等各方面进行拍摄，借助学校的教育博客等途径播放，让教师观摩自身的教学环节；条件不够的学校可以以录音的方式进行。要想方设法让教师进行自我观摩，促进教师进步。

④"架台子"——给舞台，展风采。为教师创造展现风采的平台，如举办教学沙龙或教学交流等活动，展现个人和学校的风采。

⑤"树例子"——榜样效应。校长亲自授课或让表现突出的教师多上示范课并开讲座，为其他教师树立典型。定期或不定期进行检测（如上公开课等），使教师在观摩中探索学习，在实践中巩固提高，逐步形成自己的教学特色。

（3）写出真知——"威逼利诱"促反思。

叶澜教授说过，"具有教育智慧是教师专业素养达到成熟水平的标志，是各种专业素质在教师身上综合实现的结果，它需要教师长期全身心地投入教育实践。"写作本身就是一种思维过滤，是种经验总结。教师想要拥有教书育人的"长流水"，就需要有智慧。"写作，能把知识变成实际行动，让行动转换为实用理论，让理论转化为个人思想。"因此，校长要采用多种手段激励教师写作著书，化"识"为"智"。可以任务分摊，要求每个教师每学期在一定级别刊物上发表文章，必须要写多少篇文章上交等，让其不得不写；可以奖励诱惑，对达到要求或超出任务要求的教师进行嘉奖，促使其热衷于写作；可以宣传"压迫"，对在写作上表现突出的教师在校内或媒体上进行宣传。

3. 为学生成长提供土壤

"教育就是一种寻觅，就是帮助学生寻觅到发展的可能方向和发展的最大可能，帮助学生完成人生的一次重要摆渡。"而校长是"助推器"，推动教师、带领学生一起向前跑；校长也是"方向盘"，带领教师、引领学生一起向前走。可以说，校长间接地指引着学生寻觅自己的发展之路。由此可见，在"帮助学生寻觅到发展的可能方向和发展的最大可能"这一点上，校长是非常重要的"摆渡者"。那么，如何帮助学生完成人生的重要"摆渡"呢？笔者认为要着眼于"三最"：

（1）为孩子创造最适宜的环境。

"南橘北枳"的故事告诉我们：环境改变，事物的性质也会发生变化。从教育的角度来说，孩子的可塑性强，较易在周围环境的影响下接受新事物。健康向上的校园文化有利于培养孩子高尚的情操，影响学生的成长。因此，校长应充分认识到环境对学生成长的重要性，从而在校园文化建设和教育教学的形式与载体上下功夫。如以学校已经形成的以感恩教育、文明修养等各方面的校园特色为主线，营造校园文化氛围，创设良好的育人环境，潜移默化地影响学生的思想，让学生不会因"水土不服"而"异化"或"变质"，从而可以在和谐的校园环境中逐步成长、成熟。

（2）把孩子放到最合适的地方。

圣哲孔子曾提出"因材施教"的理念。意即培养学生的个性特长很重要。个性特长泛指学生在音乐、体育、美术、电脑及历史、地理、生物等方面的兴趣爱好，通过努力可以达到较高的水平。因此，学校要重视学生个性发展，充分考虑学生性格、爱好与素质等方面的异同，开设相应的特长培训项目。如在课程开设方面，适度开设校本课程或开展相关活动。如写作、象棋、舞蹈、美术等方面的第二课堂，让孩子们在自己的特长方面得到充分的发挥，为学生将来的成长或特长的形成创造条件，提供土壤。最为重要的是，必须切实以学生特长方面的长远发展为中心，切忌抱着"学习成绩第一"的论调。

（3）给孩子提供最细腻的教育。

教育是慢活、细活。教育学生并非一朝一夕的事，就像雕塑一件艺术品，需要长时间细心的打磨。如何为学生提供最细腻的教育？笔者认为关键在于使学生学会感受爱、给予爱。对学生的了解、尊重、鼓励、赞美与热情等都是热爱学生的表现。因此，学校应千方百计地为"雕塑"学生这件"艺术品"提供爱的教育行为。如为学生建立成长档案，对每个学生的成长过程（包括家庭教育情况等）进行详细记录，为日后的教育提供参考等。总之，校长在实施学校管理时，要注重从学生的角度出发，在思想上和策略上都给予足够的关注和引导，帮助学生找到发展的方向，完成人生的重要"摆渡"。

学校管理可借鉴"象棋"之道

"半壁江山半攻守,半争成败半悟道。"(象棋特级大师许银川),下象棋能开发智力、陶冶情操、锻炼意志,也可以学习做人的道理,领悟人生。其实,管理一所学校也如同下象棋,需要一些技巧与谋略。因此,把象棋之道用在学校管理上,同样有"道"可循:如何运用好棋子是棋局成败的关键,而如何培养好教师、运用好制度等是学校管理的关键。笔者认为,校长(特别是新任校长)不妨借鉴一下象棋之"道",找准管理突破口,谋划学校发展大计。

1. 深入了解,完善制度,形成管理格局

(1) 了解校情,提供参考。"知己知彼方能百战不殆"是用兵之策,也是下棋之道。下象棋时并没有不能打败的战术,关键是要有针对性地了解对手实力、进攻套路以及防守特点,为战术提供参考,找出克制对手的方法。了解校情就好像下象棋之前的了解敌情一样,充足的准备能增添一份成功的把握。新任校长在启动学校管理模式前,先要深入了解和熟悉学校原来的情况,如人员配置、学校管理特色等,为更好地制订管理制度,落实管理理念和措施提供参考。

(2) 了解师资,挖掘资源。我们都知道,象棋中的车、马、炮、相、士、卒各有长处与各自的职能,它们是保护"帅"和"将"的得力助手,是维护稳定、攻难克坚的重要棋子,而"帅"和"将"便是指挥"车、马、炮、相、士、卒"的中心人物。这虽是下象棋的一些理论,但放在学校管理中也同样可以。校长是学校的灵魂,教师是维护学校稳定与发展的重要棋子。"兵马未动,粮草先行",我们可以将"粮草先行"理解为校长对学校师资能源深入探究的行动。知人才能善用,校长要想利用好师资等能源，就必须对他们有一定的了解，这样才能运筹帷幄，确保学校的可持续发展。

（3）形成格局，高效运作。象棋中的"车、马、炮、相、士、卒"都有自己的岗位，各司其职。下象棋时，需要根据其不同的职能合理安排进攻与防守的布局。学校管理中形成科学合理的梯级管理布局同样必不可少。有这样一句话："一个好校长就是一所好学校。"然而，学校日常的运作与管理并非校长一个人能包揽的，它需要全体教师的群策群力来抓好落实。因此，建立一支和谐、高效的管理团队，有序地开展梯级管理是学校管理的应然与必然。新任校长要在充分了解、相对民主的基础上，建立一支综合素质较强、工作热情高涨的管理团队，形成合理的管理格局，合理安排行政以及教师的分工，确保学校有序、高效地运作。

（4）完善制度，提供保障。无规矩，不成方圆。下象棋时有制度的约束（如象走田、马走日等），有章可循、有理可依，才能确保游戏继续。学校管理中，也必须制订一套科学可行的日常管理制度，确保管理的合理性、条理性与连续性。它是学校管理的基础与保障，是教师教育教学行为的准则。因此，新任校长要在充分了解校情、师资的前提下，制订出贴近学校实际的规章制度，为学校管理策略的实施提供保障。

2. 固本强基，寻求突破，形成办学特色

（1）固本强基，创设氛围。每所学校的职能与日常管理都大同小异。区别在于不同的学校有各自的特色与资源，包括硬件设备资源、师资、生源等的差异。新任校长实施学校管理要确立"发展先要强基要固本"的战略思想。就像下象棋一样，先建立稳固的防守体系，再进行犀利的进攻。也就是说，新任校长首先要深入调研，分析学校已经具备的优势，去伪存真，继承和发展学校已有"经营"方式，营造和谐校园氛围，力求固本强基，夯实发展基础。

（2）寻求突破，形成特色。每个校长的教育思想与管理理念都是不同的。新任校长要根据自身的理论体系和对校本资源的理解，大力挖掘学校的可持续发展资源，创设学校持续发展的亮点，打造新颖而具有发展潜力的校本特色。就像下象棋一样，做好防守工作后要乘势而上，寻找突破口，加大进攻力度，夺取最终胜利。新任校长要在固本强基的基础上，寻求学校发展的突破口，结合实际对学校进行改造，形成科学、合理的校本特色，为学校发展奠定扎实的基础。

3. 合理统筹，规范经营，突出品牌亮点

（1）规范经营，勤查勤补。俗话说"万事开头难"，下象棋时，要建立起优势，难；要巩固优势，更难；要稳保胜局，更是难上加难。棋盘世界，变幻莫测，稍不留神就可能功亏一篑。对于学校的经营管理来说也一样，新任校长必须作好打持久战的准备，不能大意，不然会多走弯路，甚至走进死胡同。因此，新任校长必须树立起"步步为营"的实战思想，对每个细小环节都要用心关注，合理统筹、规范经营、勤查勤补，尽可能做到防微杜渐，将问题消灭在萌芽状态，确保自身优势成为后续发展的坚定堡垒。

（2）突出亮点，打造名牌。下象棋时，棋手都会逐步形成一条进攻的主线，使对手感受到极大的威胁，继而抓住对方出现防守漏洞的时机，乘虚而入，夺取胜利。这条主线，便是整个棋局里最大的亮点。在学校管理中，必须形成管理主线路，突出亮点，打造名牌的校本特色。也就是，校长需要不断挖掘、放大学校的办学亮点，如师资管理的举措，使教师素质得到明显提高；还有得力的学生管理措施，使学生能力得到锻炼；还有创新有效的教学手段，使学校教学质量得到质的提升等等，从而，推动学校办学品牌特色的形成，提高学校知名度，在激烈的教育竞争中占有一席之地，为学校及教师和学生的发展提供保障。

下象棋与学校管理分属两个截然不同的领域，然而，当我们用心去揣摩时，会发现它们之间是存在共同点的。正像宋代诗人苏轼所言："横看成岭侧成峰，远近高低各不同。"我们从不同的角度去观察同一事物时，也会有不同的领悟。只要将其巧妙融合，就会有令人惊喜的发现。或许，这正是象棋之道吧，然而，这又何尝不是学校管理之道呢？

提高学校资源利用率的"两个必须"

学校资源是教师成长的载体，也是学生成材的保障，如何充分利用好学校的现有资源，对学校发展、教师成长和学生成材都有着非常重要的作用。笔者认为，提高学校资源利用率要做到"两个必须"。

1. 必须有充足的资源作保障

如果没有足够的资源作保障，提高学校资源利用率只能成为空谈。就是说，学校要提高资源利用率的前提条件是创建学校资源实体。然而，经济条件限制是很多学校资源短缺的主要原因，实在是"无米难炊"。那么，学校如何获取资源实体呢？具体有如下三点建议：

（1）借助政府丰富学校资源实体。从某方面说，上级政府部门就是学校的"爹"，学校的发展离不开政府的呵护和支持。

首先要让政府部门了解学校发展的需求。让政府部门了解，丰富学校资源实体对推动学校进一步发展的意义；让政府部门明白，学校由于条件限制，尤其是经济限制，无法进一步完善学校资源实体，从而请求上级部门出面解决。

其次要有向政府部门"索取"的本钱。要得到政府部门的支持，最重要的是学校应取得了一定的成绩，要用事实证明学校在不断的进步中。如果学校已经具备了一定的办学条件，办学成果却不理想，想获取更大支持就没有那么容易了。

（2）引入资助充实学校资源实体。关注教育的社会团体很多，学校要充实资源实体，就要积极地实行"走出去，引进来"的策略。借助社会力量办好教育，除了校长的人际关系外，还应多与教育行政部门及上级政府部门进行沟通，得到政府引荐的社会团体到学校开展助学活动。

（3）动员师生提供学校资源实体。目前，多数学校把硬件配备作为学校的头等大事，把精力花在大的硬件上面。有时，图书设备购置好了，但图书资源要么大量欠缺，要么过于陈旧，没有大的使用价值。学校应及时地补充此类资源，可引导师生提供学校资源实体。让每位师生都参与到图书捐赠活动中，进一步充实学校的图书资源。

2. 必须有科学的管理理念作保证

提高学校资源利用率，就意味着学校资源必须向教师和学生开放。目前，很多学校对于这个问题存在着理解误区，有些学校认为，开放学校的图书室会令图书变得残旧，担心被学校责怪管理不力；或使图书资源流失，无法交代；或压缩了学生学习必开科目的时间，导致成绩不理想，影响学校声誉；开放学校体育设施，又担心会出现安全事故。

因此，学校要提高资源利用率必须要有科学的管理理念作保证。

（1）要解放思想，大胆开放学校资源。学校资源是为教师成长、学生成材服务的，如果只是收藏起来，再好的资源也是一种浪费。包括学校的体育器材资源，如果过分担心学生在运动过程中出现安全问题或造成器材的损坏而不予开放，借此来确保学校安全，也不见得会有效果。这些问题的担忧主要是因为思想的封闭。所以说，要想让学校资源得到充分利用，必须要解放思想，大胆地开放学校资源。

（2）要完善制度，保护好学校资源。如何做到既能使学校资源得到充分利用，又能"延长"学校资源的"寿命"呢？我认为，要完善学校资源的管理制度，应将其列入重要的议事日程，切实保护好学校资源，这样，才能长期为教师和学生服务。

①完善使用制度。"无规矩难成方圆。"要保护好学校资源，制订相应的制度是必不可少的。如可动员全校师生共同参与规划学校资源使用制度；将使用制度摆放在显眼的地方；要求各班教师加强制度宣传。

②安排专人负责。学校每种资源都要安排专人负责，其主要职责是落实好资源的收发及维护等管理工作。如对于学校图书资源，要做到借有登记、查有记录，发现破损要及时修补。

③实行定期检查。检查的形式可以多种多样，如学校行政领导可以检查学校资源的管理是否到位；检查各班教师是否熟悉学生使用学校资源的

情况；检查各班是否懂得爱护学校资源。

（3）要真抓实干，切实提高资源利用率。对于学校资源的利用，除开放资源外，学校也应做一些实质性的改变。

①合理安排课程。目前，很多校长最关心的就是学校的教学质量，而对其他事情很少或根本不过问。尤其在小学阶段，校长都盯住语文、数学、英语三科所谓的主要学科不放松。课程表上排列的都是语、数、英三科，导致很多学科没有充裕的时间开展教学，同样，学校的很多资源也无法利用。因此，学校重视学生知识的全面性，才能切实提高资源利用率。如开设阅读课，让学生走进图书室；开设活动课，让学生走出教室；开设实验课，让学生实践操作。

②合理布置作业。由于学习上的压力，学生总是"举头望明月，低头写作业"。上课做习题，下课10分钟除了上厕所外，也总在埋头写习题，根本"舍不得"挪动半步，更别说使用一下操场上的体育器材了。所以，应强调合理布置作业，把"10分钟"还给学生。

校务公开面临的主要问题及对策

全面推进校务公开，是落实科学发展观、构建和谐校园的必然要求，是加强学校党风廉政建设，密切学校党群关系的客观需要，是学校坚持和完善以教职工代表大会为基本形式的民主管理和民主监督的有效途径。校务公开有利于素质教育的进一步实施，有利于推动学校的和谐发展。但部分学校在校务公开上凸显的问题仍然值得我们深思。当前，学校校务公开主要存在以下问题：

1. 重形式轻内涵——纸上谈兵

目前，校务公开已在各学校全面展开。但由于有些学校对校务公开的认识还不到位，从而缺乏工作主动性，导致制度不完善，实效性不明显，存在重形式主义的现象。主要概括为"五不"：

（1）公布的内容不全。校务公开的范围很广，涉及学校管理的方方面面。有的学校在校务公开栏上公布的内容有些单调，仅涉及学校的发展规划、学校财务开支等。没能反映出学校的管理、运作等方面的情况。

（2）反映的问题不深。校务公开是一面镜子，反映出学校管理的重点和难点，学校应将问题凸显出来，便于公众了解，作为公众出谋献策的依据。然而，部分学校担心所反映的问题影响学校声誉，因此，总是喜欢藏着掖着，公布的内容总是不痛不痒，不涉及敏感问题。例如对于财务问题的公开一般只公开总账，不公开明细账。

（3）更新的时间不快。一般来说，校务公开的内容是有时效性的，并非长期不变。但部分学校对校务公开内容从不更新，或只是一学期更新一次，甚至一年更新一次。有的甚至多年不更新或只公开已过去的，不公开当前的，让校务公开成为"走过场"。

（4）反映的情况不实。部分学校的校务公开有"忽悠"公众的嫌疑，学校会对一些内容进行"精心处理"，使公众无法了解真相。校务公开栏变成了悬挂着的装饰品，华而不实。

（5）公布的范围不广。部分学校将校务公开栏设在室内（如会议室），其他人是无法看到的。

2. 重成绩轻不足——故步自封

"木桶原理"告诉我们，一个木桶盛多大容积的水不是由最长的木板，而是由最短的木板决定的。部分学校在开展校务公开时恰恰违背了"木桶原理"，过于重视成果却忽视了"最短的木板"，勤于实施而惰于总结。如有的校务公开栏上张贴着"学校在党风廉正建设上采取什么做法，取得怎样的效果""如何深入规划学校的发展方向，在短期内取得较好成效"等，在校务公开栏上只有成绩，而看不到一点不足。

有些学校羞于将不足"公之于世"，将校务公开视为"鸡肋"，甚至把校务公开当幌子，当成"遮羞布"，用标榜出来的成绩混淆视听，"欺骗"公众。学校对校务公开的错误理解以及在实施过程中产生的"校务公开是学校成果展示"的思维误区，才有了"贴金式"校务公开的产生。由于这种"贴金式"公开太片面，且过于追求成绩，惰于思考总结，因此，不能及时发现学校管理中存在的问题。同时，由于学校产生"满足于现状"的心理，过分重视成绩，而疏忽不足之处，使很多问题无法得到解决。校务公开的实效性难以在学校管理中体现出来。这种故步自封的校务公开管理方式直接影响了学校办学水平，这是不求发展的表现，也是对学校发展不负责任的行为。

那么，如何深化校务公开，达到构建和谐校园、推动学校发展的目标呢？笔者认为关键要念好"三字经"：

（1）明政策，重规范。

①增加政策透明度。校务公开，顾名思义是要向社会公开学校内务。首先，学校要了解校务公开的目的、意义，了解校务公开必须保证真实性

和全面性，从而，为公众了解学校内务提供真实的情况。其次，学校要让公众了解校务公开政策，了解学校管理各方面的情况（如收费等），以便保障自身权益或为学校发展出谋划策。

②强调规范公开。首先要形成校务公开的相关管理制度，明确公开步骤。对于学校管理难点和热点问题，可采取分散搜集、统一汇总的形式，在相关人员中深入调查取证，尽量根据公众需要进行校务公开。

（2）机构实，形式多。

①健全领导机构，形成工作格局。校务公开工作不仅需要公众的关注，同时也离不开学校领导班子的重视和管理。所以，学校首先应建立健全组织机构，成立领导小组，实行领导责任制，一把手负总责，分管领导具体抓，业务人员层层抓落实。

②采取多种形式，提高公开实效。校务公开的范围广一些，相应地也会取得较大的实效。要让公众更深入地了解校务公开，丰富公开形式是最有效的手段。可借助校园定期或不定期公布校务，让更多的教职工了解学校信息，积极参与学校管理；在学校最显眼的地方设置校务公开栏，让所有出入学校的人都能深入了解学校管理的情况；组织"教代会""校长接访日"等活动，并动员群众议教、评教。

（3）讲民主，强措施。

①强调管理民主。校务公开是学校民主管理的一个重要体现。就是说校务公开本身以民主为基础。那么，如何在管理上体现民主呢？首先，应在校务公开内容方面讲民主。校务公开的内容应充分倾听民声民意，采取公开征集的方式，再研究决定；其次，应在落实改进措施方面讲民主。公众在反映问题或建议时，要摒弃"领导说了算"的思想，充分借助群众的智慧解决问题。

②落实举措有力。开展活动离不开制度和策略的辅助，在实施校务公开时，应及时制订相关的制度措施，保证不出现走过场的现象；建立校务公开测评机制，实行一年一度校务公开工作考评机制。

（4）时间快，内容全。

①更新时间快。校务公开是有时效性的，第一手资料最能反映学校管理现状。学校管理层应重视校务公开内容的及时更新，让公众第一时间了解学校管理情况。管理的具体措施及政策等长效性内容可定期更新；一些工作及其进展情况等属于暂时性的内容应不定期更新。

②公开内容全。对校务公开要有一个明确定位：凡是涉及学校管理或家长、学生、教职工各方面利益的或一些容易受质疑的问题都要公开，并要确保公开内容的全面性。

校园文化建设要体现"四气"

校园文化是学校经过历史积淀的精神底蕴，它反映了学校的文化精神内涵，它包括物质文化、制度文化以及精神文化。校园文化的建设要根据学校发展的历史与现状，研究学校文化产生发展的规律，遵循学校文化建设的原则，定位学校的文化核心，体现学校文化的特色。构建和谐的校园氛围，营造活力四射的校园环境，打造以人为本的校园文化，促进学校的可持续发展是学校践行科学发展观的重要手段。笔者认为，校园文化建设关键要体现"四气"。

1. 校园文化要有"文气"，体现学校的文化底蕴。

学校是教书育人的地方，是未来人才成长的摇篮，是儿童少年吸收文化精华的场所，这就需要学校有浓厚的文化氛围。然而，校园文化氛围并非自然生成的，而需要学校管理者费心去营造。

（1）校园文化整体设计要彰显文化底蕴。学校的文化底蕴是学校教育发展的基础，对学校办学方向、教师成长与学生成才起着至关重要的作用。学校在校园文化的整体设计上要充分体现学校的办学理念、突出学校的特色、彰显学校的文化底蕴。同时，学校的校园文化可将学校所处地区的文化背景作为主线路，并与校本文化相结合，突出学校的办学方向；可将记载当地文化的历史作为主要表现形式，在设计上融合校本文化。

（2）校园文化个性设计要讲究"以文为本"。学校是教书育人的圣地，"文味"是校园文化不可或缺的部分。因此，校园文化要重点体现"以文为本"，营造文化氛围，合理规划校园的文化设计。在具体实施中，可以以名人简介为背景，突出名人的读书故事，介绍名人的事迹，让名人"随处可见"；以对学校名师名生的简介为背景，突出他们的事迹，树立现实榜样；

以板报为载体，宣传学校的办学理念等，凸显校园文化特色，张扬"文味"。

（3）校园文化细节设计要配以艺术点缀。校园文化建设需要有精神主线和物质依托，更需要有细节设计，否则会显得杂乱无章。因此，在校园文化的细节设计上要重视配以艺术点缀，如可适当地配置一些雕塑或简要建筑等，使校园文化在充满人文气质的同时，兼具艺术气质，使校园文化内涵、气质和艺术三者巧妙结合。

2. 校园文化要有"生气"，体现学校的精神面貌。

校园是孩子成长的园地，学校要注重校园绿化、净化、美化，通过合理的布局，创造富有诗意的环境，为师生提供一个舒适、整洁、优美的工作、学习和生活环境。学校可采取"分田到户"的方式，以年级为单位，划分绿化"责任田"，实行"捐、管、奖"三字诀，使校园绿化成为一道亮丽的风景线。

（1）捐：①动员学生捐花献草。首先，加大对校园绿化的重要性和必要性的宣传，通过学校板报、校会、班会、广播等多种方式，加强对校园绿化的宣传，增强广大师生的绿化意识。其次，开展"我为校园绿化献计策"等活动，让学生为学校绿化的规划、设计出谋献策。第三，动员学生捐花献草，对各班级捐赠数量进行记录和存档。②争取社会资助。争取上级有关部门和一些关心教育的团体及个人的资助，为学校建设绿化带，铺设草皮、种植苗木，突破学校绿化资金紧缺的"瓶颈"，建设好校园绿化带。

（2）管：①以班级为单位，将学校绿化带划分给各个班级作为绿化责任田，设立责任区，让校园每个绿化带都有相应的班级负责监管。②完善轮值制度，由教师和学生干部组成轮值小组，每天对校园各班级责任绿化区进行巡视，对花草树木的保护和绿化区的清洁情况进行登记，并及时在学校"校园绿化情况公布栏"上登记，作为每月、每季度、每学期绿化评优的依据。

（3）奖：加大对绿化区管理的奖惩力度，学校根据每天、每月、每季度、每学期各班级绿化带的管理记录情况，对绿化管理工作突出的班级和个人给予表彰奖励，同时作为师生评优评先的参考依据。

3. 校园文化要有"贵气",体现学校的办学特色。

每一所学校都要为学生的终身成长打好基础,这是学校成功办学的基石。"一所学校要发展,必须要有文化定位",事实上,每一所学校都有其特色,这些特色,除了需要得到学生、家长和社会的认同外,还需要在学校校园文化建设方面体现出来。笔者曾经去过一所学校,其校园文化建设分为几部分,第一部分是总体设计,以"感恩"为主线,整个校园文化设计以"礼、义、廉、耻、孝"等为主题,学校较重视思想教育、感恩教育、养成教育等方面的工作。第二部分是具体分布,各个主题分布在校园的五大板块,围绕"礼、义、廉、耻、孝"等主题以"名人故事、教师与学生明星、各种相关活动情况"等多种形式进行体现。第三部分是细节渗透,在每个主题版区分别布置一些警示语,设置体现区域(以班级为单位定期张贴出相关活动情况,作为班级开展感恩活动情况汇报;为家长开辟一个自主区域,用可填写涂抹的板式墙体给家长写下寄语)。该校的整个校园文化给人一种浓郁的感恩氛围,体现出学校在感恩教育等方面的办学特色与效果。这样的校园文化设计,体现了庄严肃穆的特点,隐约透露出一种"皇者贵气",这样的学校会让家长放心,并自觉做好各项配合工作,有利于家校联系,也有利于家庭教育的进行。

4. 校园文化要有"和气",体现学校的和谐氛围。

当前,许多学校在建设校园文化时,不太重视体现出教师、学生之间的和谐关系,他们认为和谐不需要在校园文化中体现。我国古代教育家孔子主张"礼之用,和为贵",笔者认为,要想让学生受到良好的教育,使和谐的理念渗入学生心灵,应从管理入手。而在校园文化建设中体现"和气"是一种很好的方式,因为,在校园文化建设中体现出和谐,容易让学生耳濡目染,从而对和谐心理的形成起到一定的促进作用。在校园文化建设方面,即使不以此为主题,也可以作为一个建设版区。同时,可以专门设置一个版区,彰显教师和学生之间的合作成果,或可以表现这方面的班级典型等。总之,在校园文化建设方面,应注重学校和谐氛围的营造,有效推动学校个体之间和谐关系的形成。

当然,学校校园文化建设各有不同,要深入地分析,才能放大校园文化建设的作用,从而,为实施学校管理与教育教学服务。

校长，管理学校不妨当一名剑客

剑客，是电影中经常出现的人物形象。通常情况下，剑客这个词语对我们来讲是神秘的，只是通过电影对其有了模糊的概念：一把普通的剑到了高手手中，就能发挥很大的作用；而一把宝剑到了不懂运剑的人手中，作用却会大打折扣；当宝剑到了运剑高手手中时，则"人剑合一，威力无穷"。剑客与学校管理看似无关联，细细品味，却有异曲同工之妙。"一名好校长可以塑造一所好学校。"校长，在学校里代表着至高无上的权力，校长在学校管理中如何挥舞权力的"宝剑"，往往能决定学校发展的方向与前景。就像剑客一样，会不会运剑，怎样运剑，直接影响着剑的作用的发挥。因此，校长在学校管理方面不妨当一名剑客。

1. 要有十年铸剑的恒心。

一所好的学校就好像一把宝剑，需要时间去铸就。宝剑并非一朝一夕能铸成，它需要千锤百炼才能锋利。学校也一样，要经过时间的印证和苦心的耕耘才能有好的"收成"。要铸成一把锋利的宝剑，需要有耐心，塑造学校教育品牌需要有恒心。要管理好学校，就像铸造宝剑一样，要懂得铸剑工序，耐心地进行冶炼。校长要善于引导教师制订合理的规章制度。俗话说，无规矩，不成方圆，学校的运作和日常事务的开展，教师和学生的管理都离不开系统、合理的制度。只有完善了规章制度才能使学校有条不紊地运作，才能稳定地开展学校的教育教学工作。当然，制度并非只是面向老师，同时也面向校长。有了精细化的管理，十年铸一剑的恒心，才能逐步形成学校管理格局，赢得口碑，得到学生和家长的信任。

2. 要有运剑的技巧。

校长就像一个手握宝剑的剑客。"剑"握在校长的手里，如何运用是一门学问。校长不应有"唯我独尊"的傲气，而要注重协调"剑"与人之间的关系。在其位，就要有谋其政的能力。校长经营一所学校，就好像一个剑客要有运剑的技巧才能掌控宝剑一样，只有熟悉运剑技巧，才能游刃有余地使用宝剑，才能发挥出"剑"的灵气。在校内，校长要注意协调与教师和家长之间的关系。在校外，校长要和社会各界建立良好的关系网。毕竟，校长面对的不仅是教师和学生，有时还有一些学校事务要取得某些部门的协助与谅解。只有协调好各方关系，才能运筹帷幄，更好地实施学校管理。

3. 要有挥剑的功力。

校长的决策，直接决定学校的发展方向。校长要适应社会发展的趋势，要有审时度势的眼光，要深知学校发展的需要，更应具备现代教育的前卫办学理念。总之，校长要具备较高较全的素质，要有推动学校全面发展的魄力。这就要求校长必须要加强自身的管理理念，懂得科学的管理方法，运用先进的科学管理策略，把学校的管理推向一个更高的层面。这与剑客要有挥剑的功力一样，要想将宝剑的威力发挥得淋漓尽致，就需要运剑者具备深厚的功力。因此，只有校长具备先进的管理理念，学校才能具有凝聚力，学校发展才会有更广阔的空间。

4. 要有爱剑的心理。

出色的剑客，都对自己的宝剑爱护有加。如果说校长是一名剑客，那么教师就是宝剑。只有用心地呵护，才能做到"人剑合一"，产生巨大的能量。

首先，校长要有亲和力。教师都不想看见冷脸相向，对上级阿谀奉承的校长。其次，校长要懂得关心教师。校长与教师之间的关系应建立在"人性化"的基础上，校长应多关心教师的生活、工作，与教师之间建立良好的关系，这样，管理起来才能得心应手。

5. 要有守剑的能力。

如今，教育竞争压力日益增大，学校要想脱颖而出，在社会上树立良好的口碑，就要树立学校品牌特色，有了家长和社会的广泛认同，才能使学校在竞争中立于不败之地。就如宝剑是广大爱剑之人的争夺对象一样，运剑人只有具备守护宝剑的能力，才能将宝剑留在自己手上。同理，如果学校管理散漫，办学效益低下，得不到社会的认同，那么，学校的声誉就会逐步下滑，或逐步退出竞争，难以获得更好的发展。因此，校长应想方设法夯实学校发展的基础，保持办学特色、提高学校声望，推动学校发展更上一层楼。

6. 要有舞剑的大度。

学校办学成绩突出，必定会引起社会各界和同行的关注与重视，也会吸引一些同行学习、交流。此时，校长应大度地将本校的特色呈现出来，供同行借鉴。而不应存在担心自己的办学特色被同行借鉴后会对本校造成冲击的心理。要像一名剑客一样，大方地表演剑术，表现运剑造诣，同时，给予对方适当的指点，达到相互提高的目的。事实上，与同行交流的过程也是发现问题、解决问题、修补教育漏洞的过程，它能起到取长补短的效果，也可以对学校发展产生较好的推动作用。

剑客与学校管理，虽不是一脉相承，但可以融会贯通，只要用心揣摩，就能发现其中奥秘，为学校管理提供参考。

理、才、情、德、学——好校长的"五重"定位

对于"好校长"有具体定位吗？众说纷纭：有人说，好校长应当学识渊博，充满智慧，满怀激情，充满爱心；有人说，好校长应当有高尚的品行；有人说，好校长应当有崇高的使命感；有人说，好像长应当有孜孜以求的学习精神；有人说，好校长应该抓好每一项工作，善待每一位教师，关注每一个学生的成长。笔者认为，好校长还要"重理、重才、重情、重德与重学"。

1. 重理树威。校长要树立威信，必须以理为基础。在处理校务时应以理先行。首先，校长要做到"重理不重亲"，不能因为教师背后的"关系户"而"包庇"或"纵容"。要秉公处理，在教师心中树立起良好的威信。其次，校长也应有"重理不避亲"的量度。俗话说"身正不怕影子斜"，只要校长在开展校务管理的过程中坚持"重理"，教师也能以"大局为重"，支持校长的决策。因此，校长在开展工作和执行重大决策时，应注重用事实说话，妥善处理合理的建议和可行的措施。

2. 重才兴校。从古到今，我国有很多"重才"的例子，唐太宗李世民便是中华民族千古帝王的典范。唐朝的繁荣富强与李世民任人唯贤，知人善用的"重才"策略是分不开的。人才是学校发展的根本，校长要有伯乐之心，才能有"识别千里马"的能力。校长应大力挖掘学校中的人才资源，不搞"小圈子"政治，更不能被"裙带关系"影响而左右人才的任用；在选择学校管理层时不应以"年轻经验浅"等理由埋没青年教师的才能，也不应以"非亲非故"等为理由排斥人才。在人才的任用上，不能因人设事，而要因事用人。也就是说，根据学校需要设立职位，并物色适合

职位的人。只有知人善用，理智地选任贤才，用心培养人才，才能建立一支高素质、能力强的管理团队和教师队伍。

3. 重情促和。校长要想得到教师的爱戴，调动教师工作的积极性，就要尊重教师，与教师和睦相处，取得教师的信任。在学校，校长是最重要的管理者，校长不应以权压人，而应以情动人，多与教师沟通，达成情感上的交流。多关心教师的工作和生活，多亲近教师，帮助教师解决难题，建立良好的感情基础，建立和谐的"上下"关系，构建和睦的校园氛围。校长如何与教师建立良好的感情基础呢？笔者认为最主要的是应懂得尊重和关心教师，这是校长与教师形成良好关系的主要途径。美国前国务卿马德琳·奥尔布赖特深谙处理上下级关系的技巧，校长在经营上下级关系时，可以效仿她的做法：在下属工作繁忙时，用小卡片送上一句"你辛苦了"的问候；在下属出差时，打个电话送上一句"注意身体"的问候等等。虽然这些都是日常小事，但人与人之间相处时，一份小小的问候就能体现出一个人的真挚和诚意，使人感到温暖，也容易打动人。对别人多一份关注，多一份敬重，就会多一份和谐。所以校长在与教师交往的时候，要懂得在小事上多关心教师，建立深厚的感情基础。

4. 重德立信。古语有云："为政以德则治，不以德则乱""为政以德，譬如北辰，居其所而众星拱之。"校长只有具备良好的思想素质和行为表现才能赢得教师的尊重和支持。校长具有令人尊敬的道德品质，其人格魅力会影响教师，并成为教师敬仰的对象。然而，一个人道德影响力的形成非一日之功，它需要时间来进行积累。因此，校长在日常工作和生活中不应滥用手中权力谋取私人利益或刻意刁难和压制教师，而应以德服人，以德为立信之本，实施学校管理，校长应以学校发展为重心，以教师成长为学校发展的"核心"，加强自身素质，善于自省、自警和自励，树立校长的"道德影响力"，与教师心连心，为政"善治"。

5. 重学明教。一所学校办得如何，校长起着决定性的作用。在政治研究领域中，校长属于学校的政治人物，教育政策、教育法律法规及涉农政策、收费政策、村规民约等都与校长有着千丝万缕的联系。校长应及时充电，除了必要的业务和管理知识外，也要进一步加强对政治、政策、法规、教育理论的学习，不断明确办学宗旨和学校发展方向。同时，校长的创造意识和能力往往是在不断学习和借鉴中形成的。因此，校长要紧跟社会发展形势，按教育规律办事，重视理论学习。

后　记

　　作为教师子女，父母对我的指点和鞭策影响深远。同时，在我写作初期，罗金明前辈、胡国坚老师曾给予我许多鼓励和指导，这对我写作兴趣的培养和能力的提高有很大的推动作用。自1999年踏上教育之路，我从未间断过写作，偶有文章见诸报刊。至今已在数十家省级以上的教育教学报刊发表了百余篇文章。

　　这次，在朋友的建议和帮助下，我将自己曾经发表的部分文章编辑整理成书，步入著书立说的行列，在圆自己的一个梦的同时，也可以说是满足了自我的"虚荣心"，本书作为10多年来从事教育工作的小结，也可以算是给对我从事教育事业抱以厚望的朋友交了一份作业。

　　本书的出版，需要感谢的人很多。

　　感谢西南师范大学出版社袁荣光先生的帮助，也感谢西南师范大学出版社，为我提供了一个平台，使我的书稿如愿出版。

　　感谢广东省教育研究院杨建国老师，为了提携和培养年轻一辈，为我的书稿写了序。我无以为报，唯有通过不断学习，提高自身能力和水平，用实际行动来回报杨老师的关爱。

　　感谢《师道》李淳编辑。李淳编辑百忙之余为我的书稿出谋献策，并写了推荐语，遇到这样亦师亦友的好编辑，我深感幸运。

　　感谢阳山县教育局李伯瑶先生的热情帮助，李伯瑶先生是我的良师益友，对书稿的出版给予许多帮助，我心存感激。

　　感谢《学子》（教育新理念）的执行主编、《教书育人》（校长参考）编辑部主任朱福昌、特级教师宋运来和李小平校长为我的书稿写推荐语。

感谢我的家人对我的支持，同时感谢朱帼英、貌永明、丘志棉等挚友的关心和帮助，以及众多文友的关注与支持，在此一并感谢！最后，我必须感谢丘武斌、朱玉莲、吴爱芳等恩师，他（她）们的教育思想和理念令我受益匪浅、终身难忘。

至此，书稿已成功出版，有些见解和认识尚显肤浅，有些内容也未尽如人意，但是我仍然希望能给广大读者以一定的启发，也期待各位同行、各位专家以及学者和读者赐教。